尚珩 程长进 关琪 著

明清以来蔚县庄堡寺庙调查与研究

第八册 彩版编

上海古籍出版社

第八册目录

彩版编·庄堡、寺庙

蔚州镇

涌泉庄乡

代王城镇

杨庄窠乡

西合营镇

白草村乡

彩版编·壁画

彩版编·庄堡、寺庙

在为期十多年的蔚县庄堡、民居、寺庙、壁画的调查过程中，我们拍摄了数十万张各类古建筑的照片，虽然照片的摄影艺术性较差，只是资料片，但是真实记录了某一个时期中古建筑的保存现状和环境，承载了一段历史，每次考察结束后的一周内，我们趁着记忆的"新鲜"及时分类、整理、重命名了每一张照片。

囿于本书篇幅的限制，这些照片无法全部呈现给读者，而只能选取其中最为重要的照片。为此，我们制定了几个照片选取的原则。

就庄堡、寺庙等建筑外观而言，我们优先选取目前已经损毁、倒塌，甚至不复存在的建筑照片——读者已经很难见到这个建筑了，这张照片或许是它少数甚至是唯一的影像，弥足珍贵。对于那些因文物保护工程而得到修缮的建筑，则选取建筑修缮之前充满历史感、岁月感、沧桑感、"原汁原味"的照片。在照片构图上，选取能展现建筑整体风貌、建筑间位置关系的大场景照片。

"羊羔虽美，众口难调"，读者需求的不同，势必造成照片选取的"遗憾"，这是以传统方式出版大部头、资料类书籍的弊端和"痛点"。随着我国科学技术、出版理念与技术、阅读理念和方式的发展，相信在不久的将来，这些照片可以以简单高效、低成本、快捷便利的方式全部呈现在读者面前，从而满足不同行业需求人群的需要。

彩版2-1　蔚州古城东墙马面外侧

彩版2-2　蔚州古城南墙西段外侧

彩版2-3　蔚州古城西墙外侧

彩版2-4　蔚州古城西墙外侧

彩版2-6 蔚州古城西门外侧石桥

彩版2-7　蔚州古城州署大门

彩版2-8　蔚州古城常平仓（南—北）

彩版2-9　蔚州古城珠市巷27号院大门木雕

彩版2-10　蔚州古城玉皇阁

彩版2-12　蔚州古城鼓楼西街北侧灵岩寺大雄宝殿内藻井

彩版2-13　蔚州古城真武庙山门内侧

彩版2-14　蔚州古城南门外南关厢北墙外侧望南门及大桥

彩版2-15　蔚州古城南门外南关
厢西后巷9号院大门内影壁

彩版2-16　蔚州古城东南角外泉南街东侧老君观巷内普度寺后殿

彩版2-17　蔚州古城东南角外泉南街12号圣母宫

彩版2-18　蔚州古城东南角外泉南街12号圣母宫正殿

彩版2-19　蔚州古城释迦寺

彩版2-20　蔚州古城西门外西关厢北门外侧

彩版2-21　蔚州古城西关厢关帝庙

彩版2-22　蔚州古城东关大街南侧大南巷8号院

彩版2-23　逢驾岭村堡南门瓮城东门外侧

彩版2-24　逢驾岭村堡南门内侧

彩版2-25　逢驾岭村堡南门外戏楼

彩版2-26　逢驾岭村堡内关帝庙

彩版2-27　逢驾岭村堡北墙真武庙

彩版3-1　涌泉庄村堡内王朴家庙大门

彩版3-2　涌泉庄村内东侧龙神庙

彩版3-3　西陈家涧村堡南门外侧

彩版3-4　西陈家涧村堡北墙真武庙全景（东南—西北）

彩版3-5　西陈家涧村堡西墙外太平寺山门

彩版3-6　董家涧村龙神庙全景

彩版3-7　任家涧村堡南门外侧

彩版3-8　黄家庄村堡南门外全景（西南—东北）

彩版3-9　黄家庄村堡东南角外龙神庙全景（西南—东北）

彩版3-10　宿鸦涧村堡南门外寺庙群全景（西北—东南）

彩版3-11　连寨场村戏楼全景

彩版3-12　陡涧子村堡南门外东侧戏楼和禅房

彩版3-13　陡涧子村堡西南角外关帝庙正殿全景

彩版3-14　西中堡村堡南门及关帝庙

彩版3-15　西北堡村堡东门外侧

彩版3-16　西北堡村堡南门外侧

彩版3-17　西南堡村堡南门外侧

彩版3-18　西南堡村堡北墙中部真武庙全景

彩版3-19　西任家堡村堡东门外龙神庙侧面（东南—西北）

彩版3-20　涧北村堡北墙马面外侧（西北—东南）

彩版3-21　崔家寨村堡南门外侧

彩版3-22　崔家寨村堡老宅院第一进院西厢房

彩版3-23　崔家寨村堡南门外戏楼及关帝庙全景

彩版3-24　崔家寨村堡南门外关帝庙正殿

彩版3-25　阎家寨村堡南门外侧

彩版3-26　阎家寨村堡南门内南北主街

彩版3-27　西窑头村东北村外寺庙群全景（南阳寺）（南—北）

彩版3-28 卜南堡村堡北墙真武庙庙台基东北望玉泉寺

彩版3-29 卜北堡村堡东门外全景

彩版3-30　卜北堡村堡南墙外玉泉寺大殿和地藏殿

彩版3-31　卜北堡村堡西墙玉皇阁全景

彩版4-1　代王城西堡南门遗址

彩版4-2　代王城西堡南门外龙神庙对面的戏楼

彩版4-3　代王城大堡南门外侧

彩版4-4　代王城大堡北墙外地藏寺全景

彩版4-5　代王城东堡西墙内侧原公署内龙神庙

彩版4-6　代王城南堡北门

彩版4-7　张南堡村堡东南角外龙神庙全景

彩版4-8　张南堡村堡东南角外龙神庙和戏楼全景

彩版4-13　南门子村内三官庙及戏楼全景

彩版4-14　马家寨村堡内戏楼北侧龙神庙、关帝庙全景

彩版4-15　城墙碾村西侧龙神庙、观音殿全景（西南—东北）

彩版4-16　大水门头村中堡龙神庙、戏楼全景（西北—东南）

彩版4-17　小水门头村堡南门外侧

彩版4-18　水北二村堡内戏楼北侧的玉皇阁

彩版4-19　水北二村堡内戏楼北侧玉皇阁北侧

彩版4-20　水北三村永泉寺阎王庙山门外侧（南—北）

彩版4-21　大德庄村西堡北墙外寺庙群

彩版4-22　大德庄东堡村堡北墙西段外侧（东—西）

彩版4-23　大德庄村东堡北门外三官庙正殿

彩版4-24　新家庄村堡

彩版4-25 新家庄村堡内真武庙、三教寺全景（西南—东北）

彩版4-26　富家堡村南堡北门外侧

彩版4-27　富家堡村北堡南门外侧

彩版4-28　富家堡村北堡南门内中心街尽头的真武庙

彩版4-29　富家堡村北堡北墙马面及真武庙外侧（东北—西南）

彩版5-1　宋家庄村堡南门外侧

彩版5-2　宋家庄村堡南门内中心街西侧老宅院内全景

彩版5-3　宋家庄村堡南门内穿心戏楼南侧

彩版5-4　朱家庄村龙神庙大殿全景

彩版5-5　朱家庄村关帝庙全景

彩版5-6　辛落塔村龙神庙、观音殿全景

彩版5-7　大固城村堡东门外侧

彩版5-8　大固城村堡东门外侧券体顶部两次修筑遗迹

彩版5-9　大固城村堡西门外侧

彩版5-10　大固城村堡内关帝庙全景

彩版5-11　大固城村堡内关帝庙正殿

彩版5-12　大固城村关帝庙对面的戏楼正面

彩版5-13　大固城村故城寺大殿

彩版5-14　大固城村北堡西南角

彩版5-15　上苏庄村堡西小堡北门外侧

彩版5-16　郑家庄村堡西门外侧

彩版5-17　郑家庄村堡东南峰山寺全景

彩版5-18　高院墙堡村堡内中心街西侧戏楼

彩版5-19　王良庄村堡南门瓮城东门外侧

彩版5-20　王良庄村堡南门瓮城内戏楼正面

彩版5-21　王良庄村堡南门瓮城内泰山庙全景

彩版5-22　石荒村堡南门外侧（近景）

彩版5-23　石荒村堡南门外侧（远景）

彩版5-24　石荒村堡北墙中部马面上的真武庙

彩版5-25　石荒村堡南门外西侧关帝庙全景

彩版5-26　邀渠村堡南门外侧

彩版5-27　邀渠村堡门匾

彩版5-28　南方城村堡北门外侧

彩版5-29　崔家庄村小南堡北门外侧

彩版5-30　崔家庄村堡东门内
灯山楼正面

彩版5-31　吕家庄村南堡北门外龙神庙大殿

彩版5-32　邢家庄村西堡东南角外泰山庙山门及戏楼

彩版5-33　邢家庄村东堡西门外侧

彩版5-34　南双涧村堡东门外北侧龙神庙全景

彩版5-35 西柳林南堡东门外全景

彩版6-1 西太平庄村红卫庄后街西口拦水坝闸口

彩版6-2 西古堡北墙外三合泰东侧的尿湿巷（要扫巷）老宅院44内二道门

彩版6-4　西古堡南门内侧

彩版6-5　西古堡南瓮城东门外侧

彩版6-6　西古堡南瓮城东门内侧

彩版6-7　西古堡北门外侧

彩版6-8　西古堡北门内侧

彩版6-9　西古堡南门瓮城内地藏殿北望广慈庵

彩版6-10　中小堡东门外侧

彩版6-11 中小堡东门内侧

彩版6-12 中小堡村上街196号院影壁

彩版6-13　中小堡村下街西口关帝庙正殿

彩版6-14　北官堡南门外侧

彩版6-15　北官堡西门外侧

彩版6-16　北官堡内三清阁

彩版6-17 砂子坡老君观

彩版6-18　千字村堡东门外侧全景

彩版6-19　千字村堡东门内侧

彩版6-20　千字村堡东北角外龙现寺内全景

彩版6-21　千字村堡中心街过街楼关帝庙全景

彩版7-1　杨庄窠村堡内主街北侧巷子黄家大院东路后院全景

彩版7-2　杨庄窠村堡内主街北侧巷子黄家大院东路前院正房、东厢房

彩版7-3　杨庄窠村堡内主街北侧巷子西侧支巷老宅院3内正房

彩版7-4　圣水泉村内南北主街尽头真武庙全景

彩版7-5　小岳家山村龙神庙全景

彩版7-6　小岳家山村龙神庙正殿内匾额

彩版7-7　下瓦窑村堡南门外戏楼全景

彩版7-8　沙涧村堡东门外侧

彩版7-9　沙涧村堡西门外侧

彩版7-10　沙涧村堡西门内侧

彩版7-11　沙涧村堡内东西主街南侧龙神庙全景

彩版7-12　沙涧村堡内东西主街北侧的佛殿、三官庙全景

彩版7-13　东坡寨村堡东门外侧

彩版7-14　西坡寨村堡南门外侧全景

彩版7-15　西坡寨村堡南门内侧

彩版7-16　席家嘴旧村村南口东侧寺庙群全景

彩版7-17　小辛留村堡南门外寺庙群全景

彩版7-18　小辛留村堡南门外三官庙、观音庙、南门全景

彩版7-19　磁窑沟村东白衣寺（佛殿）全景

彩版7-20　高家洼村堡北门外侧

彩版7-21 高家洼村堡北门外侧真武庙、龙神庙、戏楼全景

彩版7-22　南德胜村堡东南角外戏楼全景

彩版7-23　南德胜村堡东南角外大寺正殿

彩版7-24　嘴子村庙东街北侧巷子
内老宅院绣楼

彩版7-25　北庄头村堡东门内侧

彩版7-26　北庄头村堡内龙神庙全景

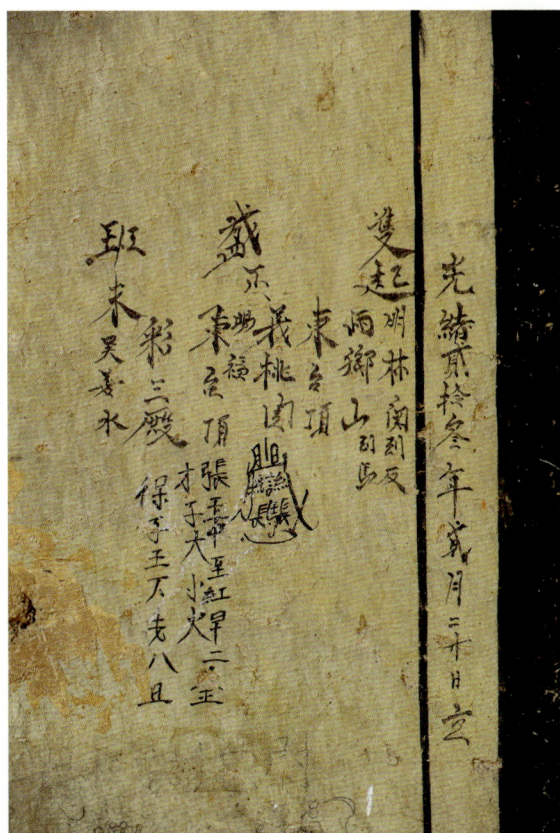

彩版7-27　北庄头村堡内
戏楼西墙题记

彩版7-28 北庄头村堡内观音殿全景

彩版7-29　东深涧村堡南门内侧

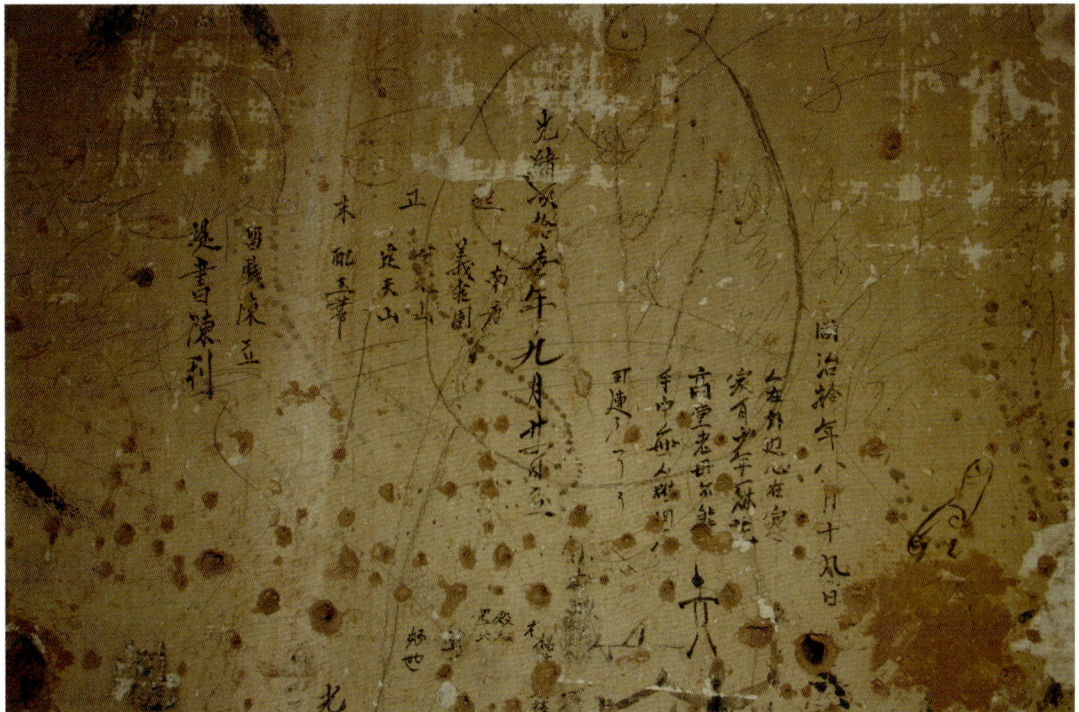

彩版7-30　东深涧村堡戏楼内题记

彩版7-31　东上平村堡全景

彩版7-32　李家庄村中部主街西侧街道南侧戏楼全景

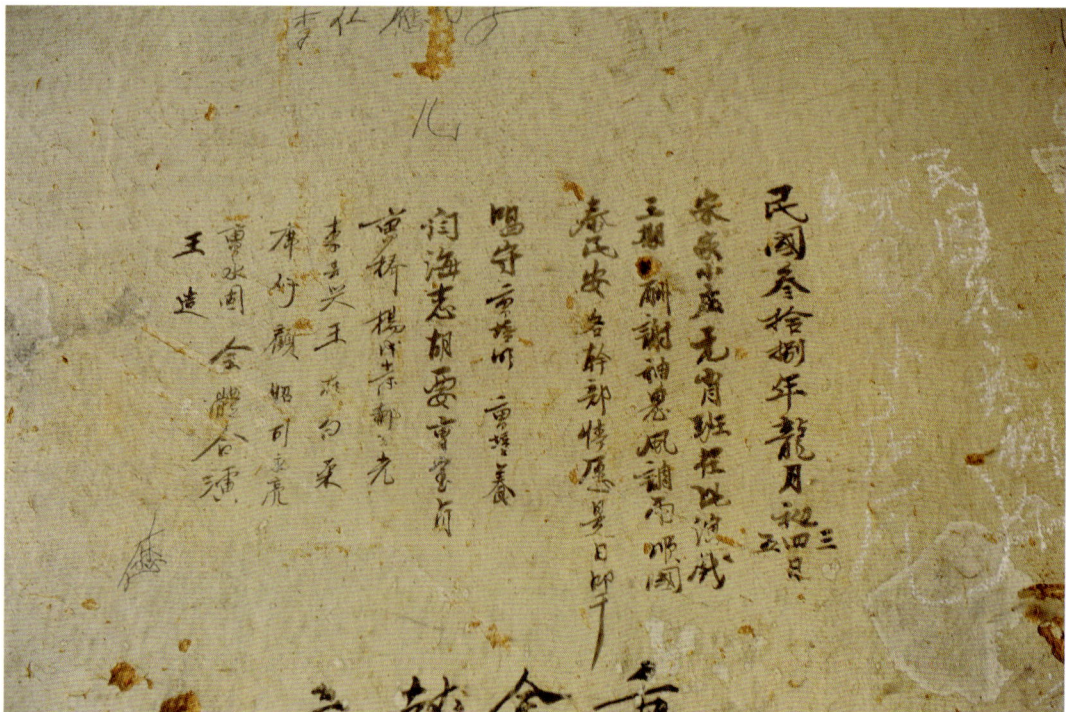

彩版7-33　李家庄村堡东门外南侧戏楼内东墙题记

彩版7-34 下平油村奶奶庙东北望财神庙、龙神庙

彩版8-1 南岭庄村堡东门内侧和老宅院全景

彩版8-2 北岭庄村堡东
门外侧

彩版8-3　北岭庄村堡东门内侧及老宅院1

彩版8-4　北岭庄村堡东南角外善果寺（大寺）中殿正面

彩版8-5　中蔡庄村堡外庄子东门外侧

彩版8-6　赵家窑村堡南门外侧全景

彩版8-7 赵家窑村堡南门内侧全景

彩版8-8 赵家窑村堡南门外龙神庙、观音殿和南门全景

彩版8-9 赵家窑村堡南门内中心街尽头井房和真武庙

彩版8-10 西方城村堡南门、西南角台、玉皇阁全景

彩版8-11　西方城村堡南门内侧

彩版8-12　甘庄子村堡南门外侧

彩版8-13　甘庄子村旧堡全景

彩版8-14　添河涧村堡南门内侧

彩版8-15　添河涧村堡南门外龙神庙大殿全景

彩版8-16　吴家浅村堡南门外侧全景

彩版8-17　吴家浅村堡南门内侧

彩版8-18　吴家浅村堡南门外侧门匾

彩版8-19　吴家浅村堡南门门券内上部的星池灭火

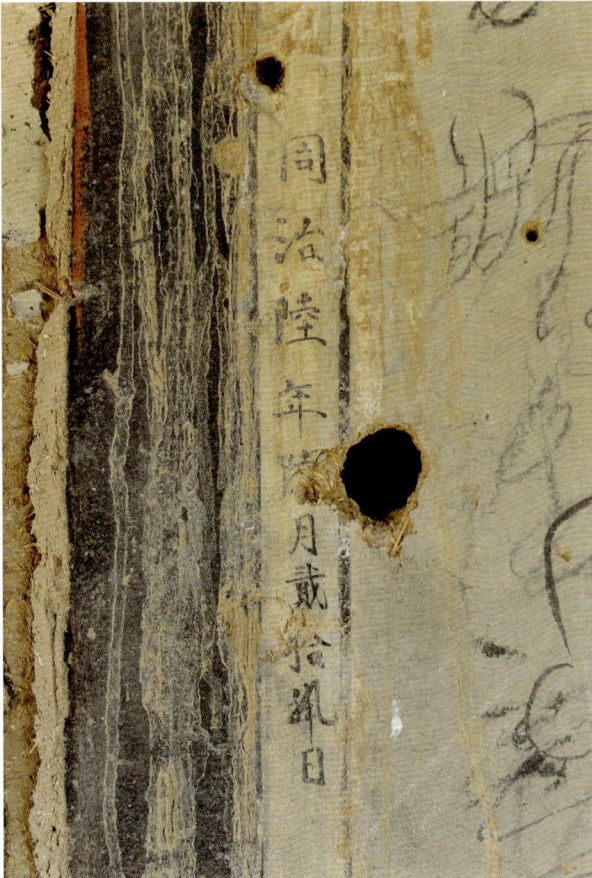

彩版8-20　苟家浅村堡南门外
戏楼内西墙题记

彩版8-21　李家浅村堡东门内侧

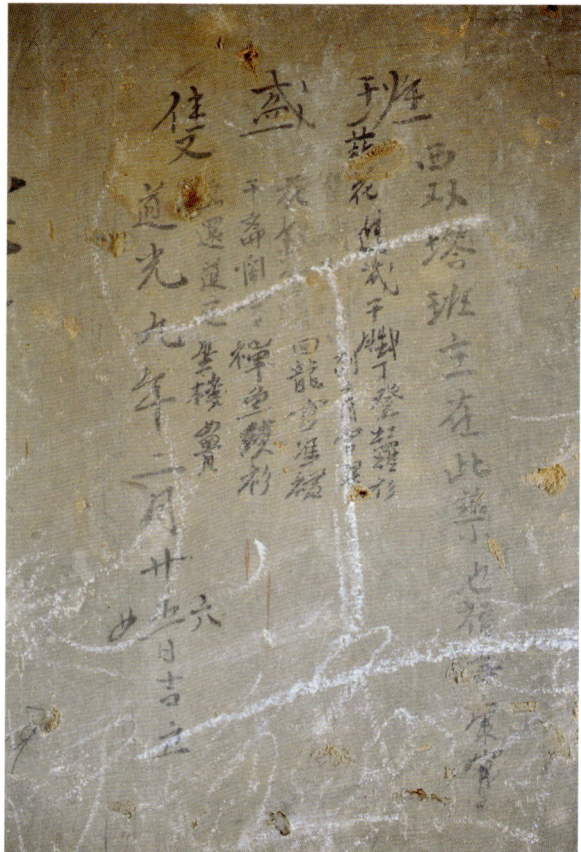

彩版8-22　李家浅村堡东门
外南侧戏楼内东墙题记

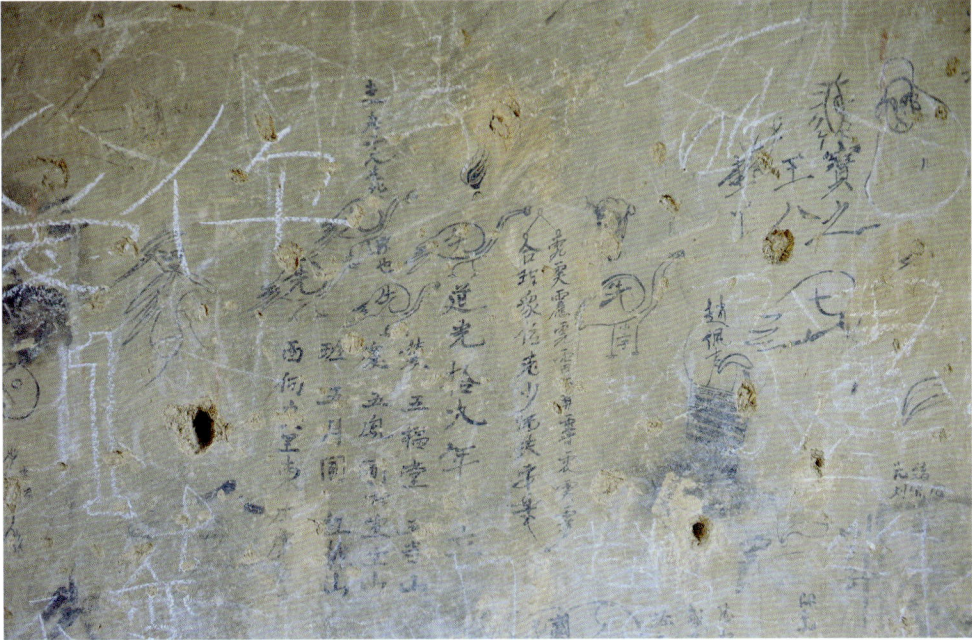

彩版8-23　李家浅村堡东门外南侧戏楼内东墙题记

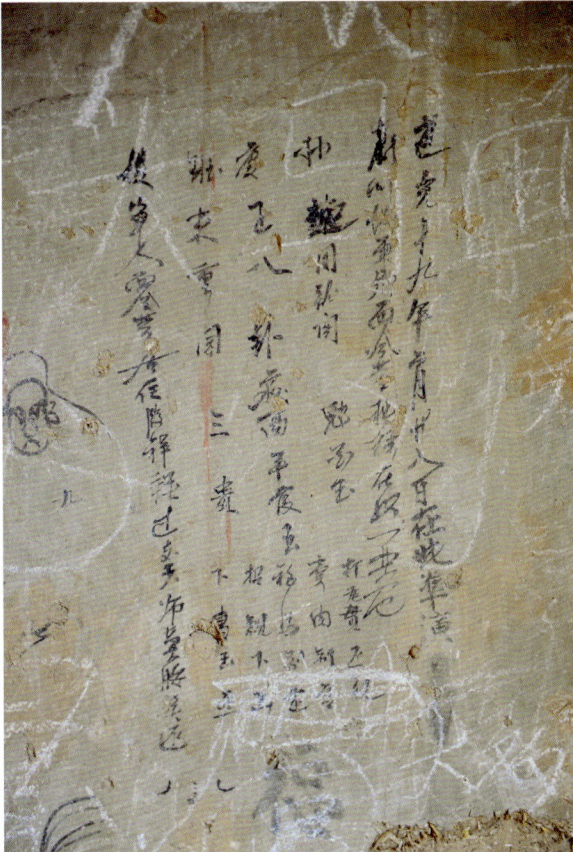

彩版8-24　李家浅村堡东门外南侧戏
楼内东墙题记

彩版8-25　小贯头村堡南门外侧

彩版8-26　小贯头村堡东南角内侧龙神庙前殿

彩版8-27　中石化村堡南门外侧（南—北）

彩版8-28　中石化村堡南门内侧

彩版9-5　北留庄村堡南门外侧

彩版9-6　北留庄村堡南门内侧

彩版9-7　北留庄村堡北墙马面外侧

彩版9-9　赵家湾村堡内赵家大院内祠堂

彩版9-10　穆家庄上堡村堡东门外侧

彩版9-11　东辛店村西南戏楼和大树全景

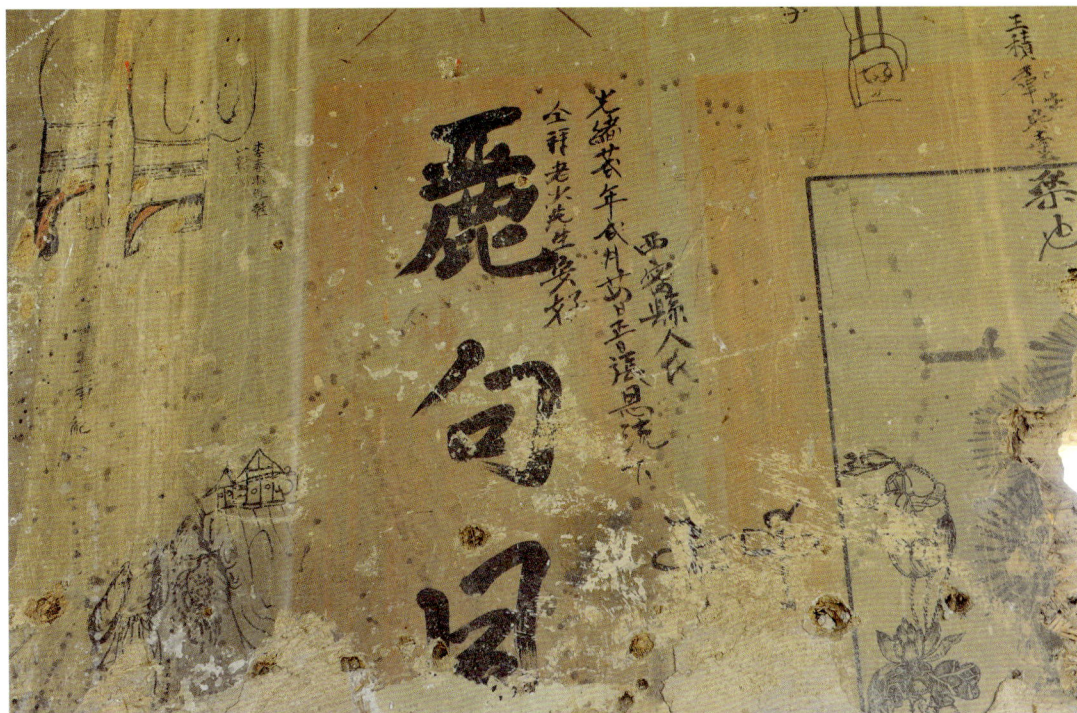
彩版9-12　东辛店村西南戏楼内南墙题记

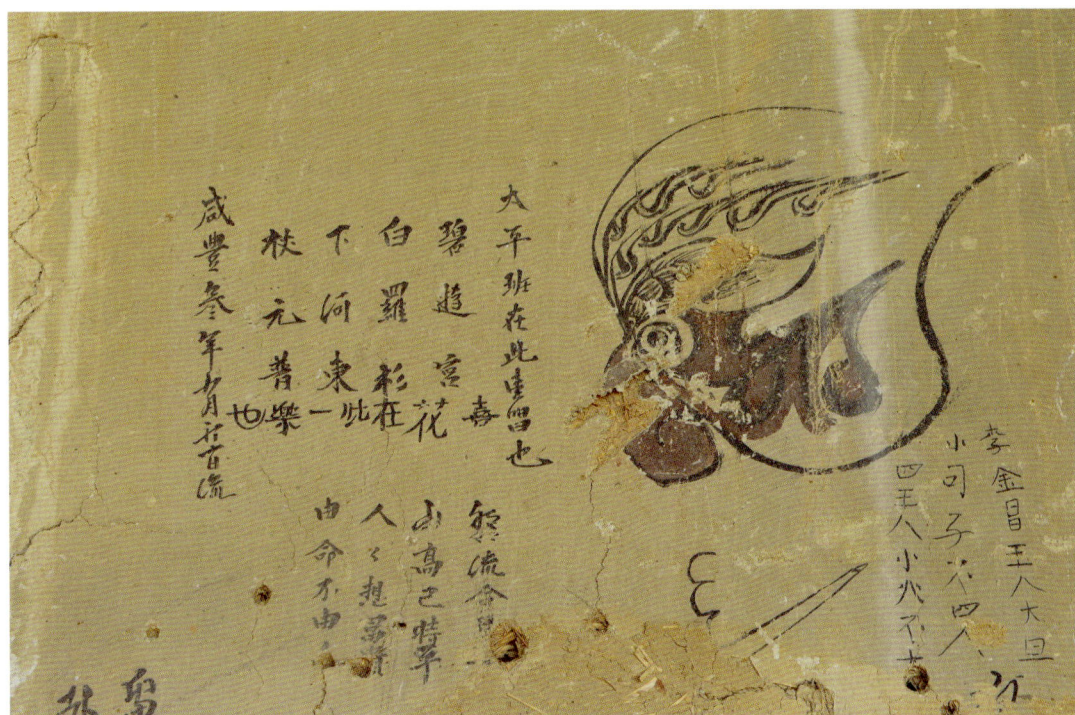
彩版9-13　东辛店村西南戏楼内南墙题记

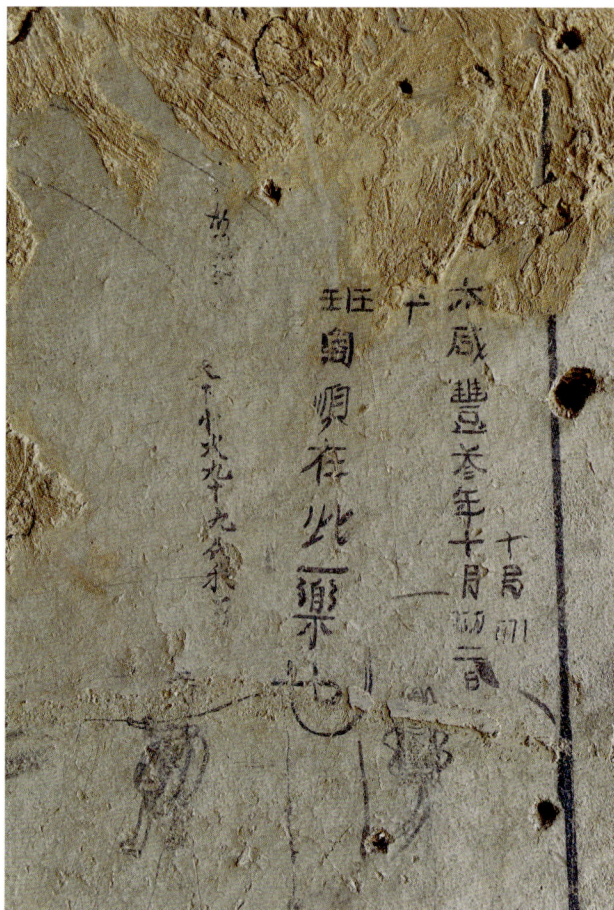

彩版9-14 东辛店村西南戏楼内西墙题记

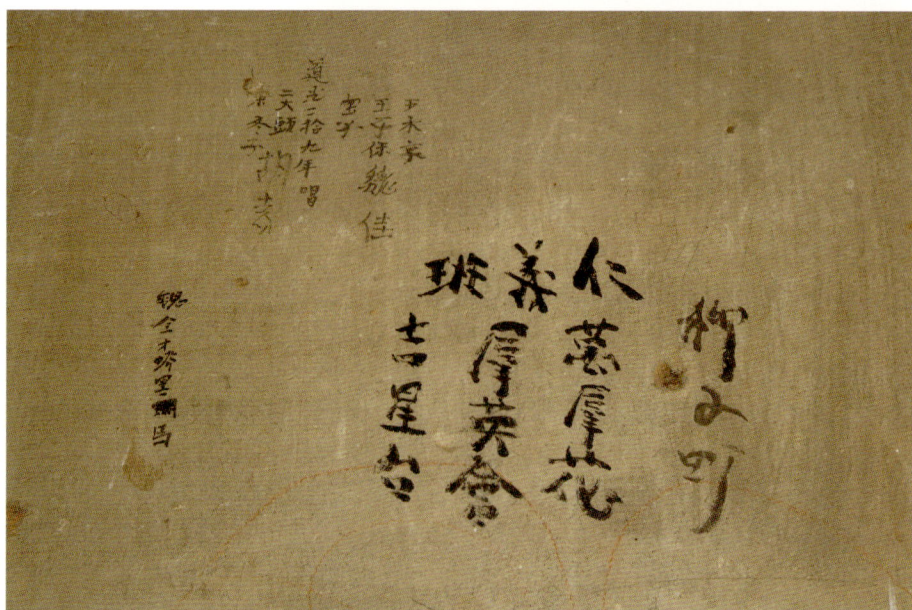

彩版9-15 东辛店村西南戏楼内题记

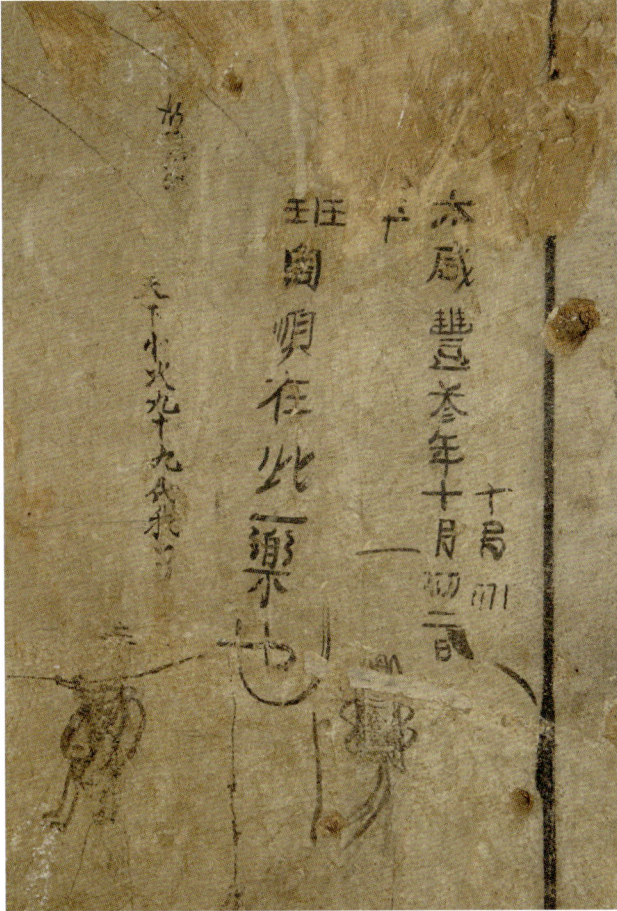

彩版9-16 东辛店村西南
戏楼内题记

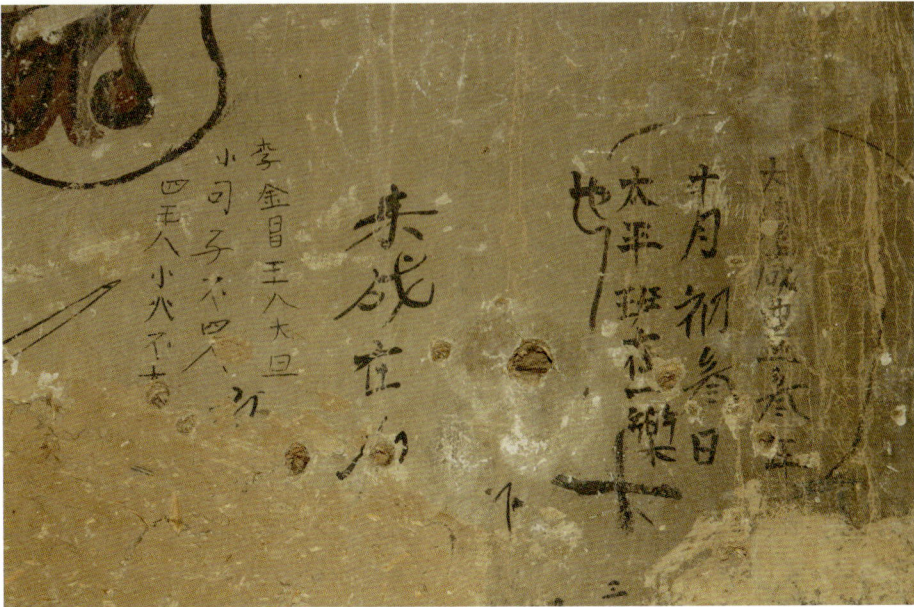

彩版9-17 东辛店村西南戏楼内题记

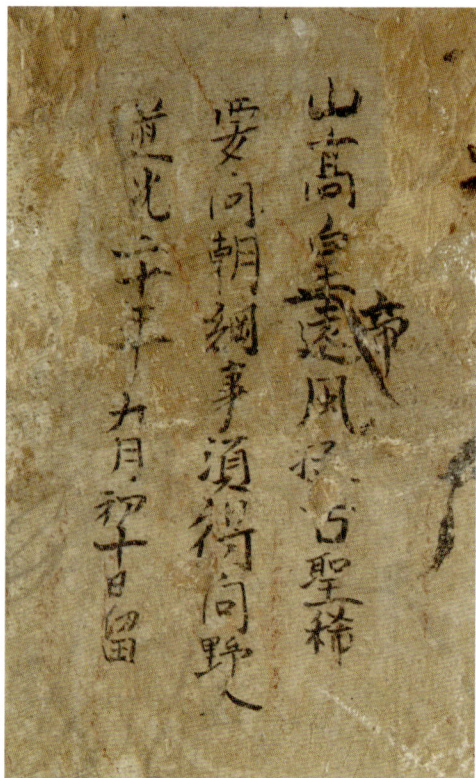

彩版9-18　东辛店村西南戏楼内题记

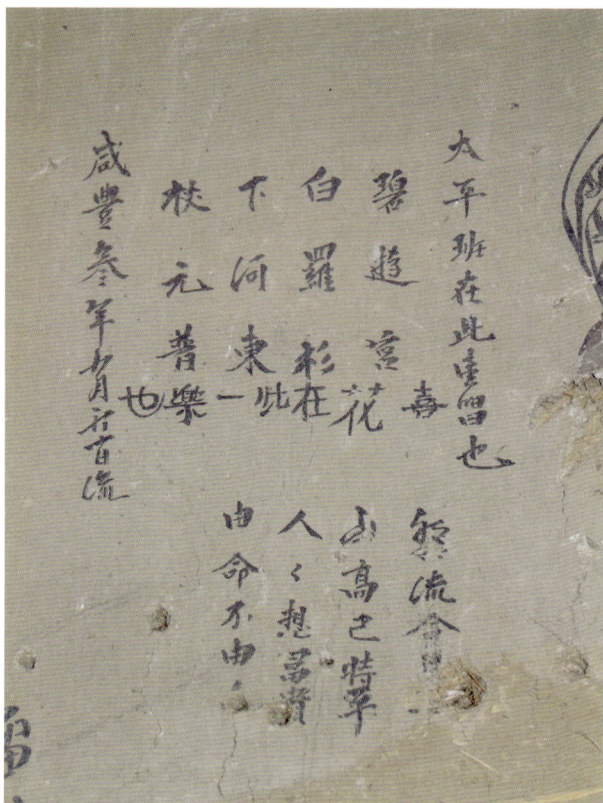

彩版9-19　东辛店村西南戏楼内东壁题记

彩版9-20 宋家小庄村北烽火台

彩版9-21 司家洼村堡南门外侧

彩版9-22　司家洼村堡南门内侧

彩版9-23　司家洼村堡东墙外龙神庙全景（西北—东南）

彩版9-24　西辛庄村堡南门外侧

彩版9-25　东辛庄村堡张峰寺旧址

彩版9-26　海子洼村堡南门外侧

彩版9-27　古守营村堡东南烽火台全景（西北—东南）

彩版9-28　西上碾头村东侧龙神庙、关帝庙正面（南—北）

彩版9-29　西大坪村小寨全景

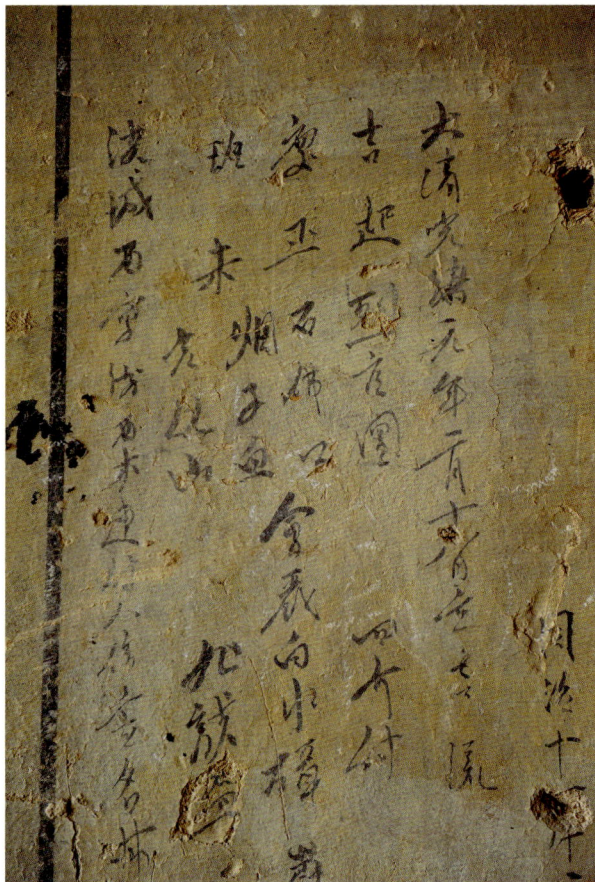

彩版9-30 西大坪村堡东门外南侧戏楼内东墙题记

彩版9-31 任家庄村堡南侧大堡子内圆通寺全景（西南—东北）

彩版9-32　任家庄村堡南侧大堡子内寺庙第二殿北侧

彩版9-33　横涧村堡南门外侧

彩版9-34　横涧村堡南门内侧

彩版9-35　横涧村堡东门外侧

彩版9-36　横涧村堡内小堡子门外关帝庙

彩版9-37　横涧村西堡南门外侧

彩版9-38　夏源村东辛堡北墙外龙神庙正殿

彩版9-39　三关村堡北墙马面内侧和三官庙全景

彩版10-1　南杨庄村南堡龙神庙西侧（西南—东北）

彩版10-2　南杨庄村北堡南门内侧

彩版10-7　西北江村堡南门寺庙群之财神庙大梁上的修建题记

彩版10-8　西北江村堡南门外泰山庙全景（东—西）

彩版10-9　东北江村北堡南门外侧

彩版10-10　东北江村内老宅院内二道门

彩版10-11 东北江村庄子内河神庙（东南—西北）

彩版10-12 东大云疃村徐家堡北门瓮城东门、东墙内侧

彩版10-13　东大云瞳村东堡北门瓮城内全景（西南—东北）

彩版10-14　东大云瞳村东堡北门瓮城西门外侧

彩版10-15　东大云疃村东堡北门内侧

彩版10-16　东大云疃村东堡中心街西侧五道庙

彩版10-17　东大云疃村南庄堡门南侧

彩版10-18　东大云疃村北庄堡东门内侧

彩版10-19 北柳河口村堡南门外侧

彩版10-20 北柳河口村堡南门内侧

彩版10-21　北柳河口村堡南门外南侧的寺庙山门及戏楼（北—南）

彩版10-22　牛大人庄村堡北门内侧

彩版10-23　牛大人庄村堡内老宅院正房装饰

彩版10-24　牛大人庄村堡外西侧老宅院正房大门装饰

彩版10-25 牛大人庄村堡北门外东侧戏楼内景

彩版10-26 麦子疃村东堡西门外侧

彩版10-27　九宫口村南堡南门遗址

彩版10-28　九宫口村南堡北墙真武庙全景

彩版10-29　九宫口村南堡西南角外龙神庙戏楼内隔扇彩绘

彩版10-30　九宫口村南堡西南角外龙神庙戏楼内隔扇彩绘

彩版10-31　九宫口村北堡南门外侧全景

彩版10-32　九宫口村北堡中心街北街尽头真武庙全景

彩版10-33　九辛庄村堡东南大寺西侧巷子中的老宅院7内二道门和影壁

彩版10-34　九辛庄村堡大庙正殿全景

彩版11-1 下宫村堡西门外侧

彩版11-2 下宫村堡东门外侧全景

彩版11-4　下宫村堡南门外侧

彩版11-5 上宫村南堡东门外侧

彩版11-6 上宫村南堡东门内侧

彩版11-7　上宫村南堡北墙上的水门

彩版11-8　上宫村南堡东门外龙神庙

彩版11-9　上宫村北堡南门外侧

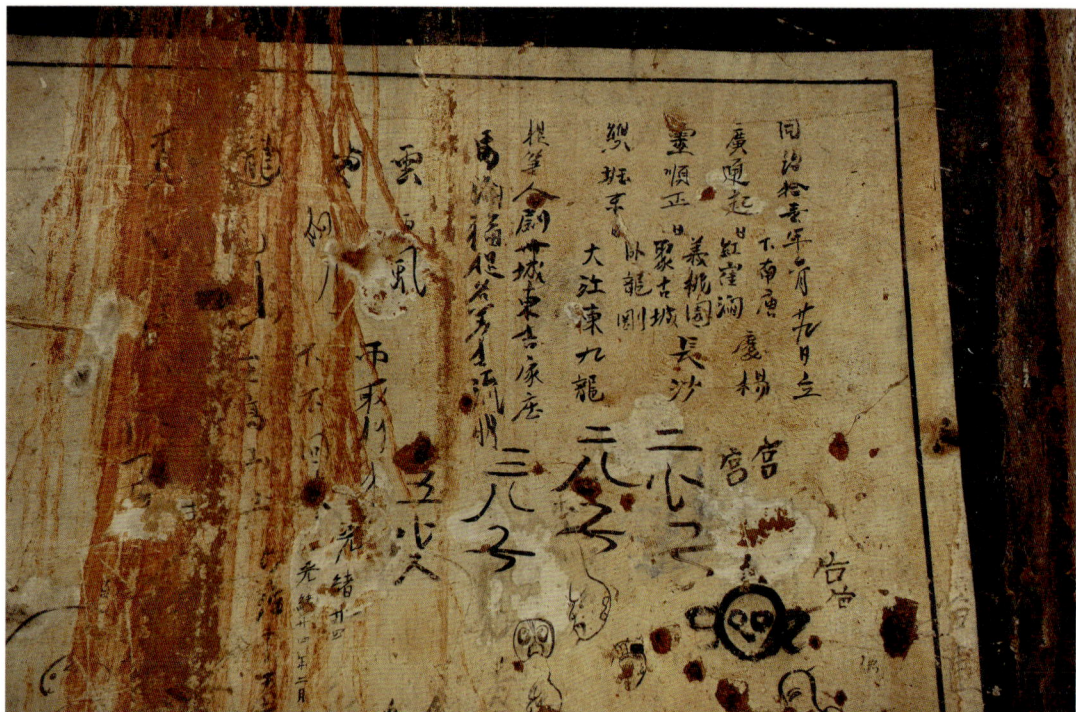

彩版11-10　孟家庄村堡东南角外龙神庙南戏楼内东墙题记

彩版11-11　周家庄南堡村堡东门外侧

彩版11-12　周家庄南堡村堡东门内侧

彩版11-13　周家庄南堡村堡东门外戏楼

彩版11-14　周家庄南堡村堡东门外龙神庙

彩版11-15　周家庄南堡村堡东门外龙神庙正殿脊檩题记

彩版11-16　筛子绫罗村村堡东门外侧

彩版11–17　筛子绫罗村堡内东侧南北主街东侧戏楼

彩版11–18　筛子绫罗村三清观第二进院落（北—南）

彩版11-19 李家绫罗村堡南门外侧

彩版11-20 李家绫罗村
堡南门内侧

彩版11-21　浮图村北堡东门外侧

彩版11-22　浮图村北堡东门内侧

彩版11-23　浮图村北堡西门外侧

彩版11-24　浮图村北堡西门内侧

彩版11-25　浮图村北堡南北大街鼓楼南侧

彩版11-26　浮图村南堡东门外侧

彩版11-27 浮图村南堡西门外侧

彩版11-28 浮图村南堡西门内侧

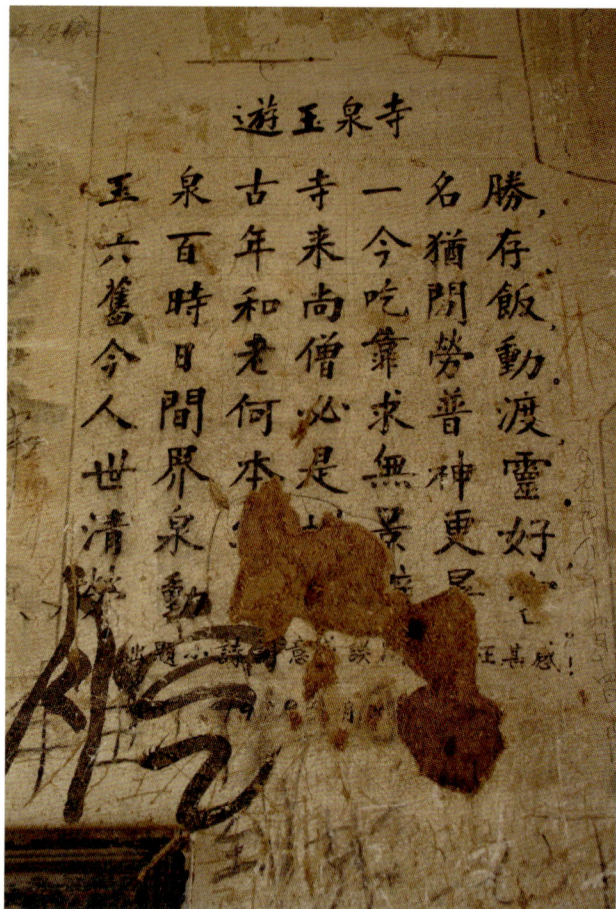

彩版11-30　南马庄村南堡西门外侧全景

彩版11-31　南马庄村北堡东门外侧全景

彩版11-32　南马庄村北堡内老宅院大门内影壁

彩版11-33　南马庄村北堡东门外关帝庙全景

彩版11-34　苏贾堡村堡
南门外全景

彩版11-35　苏贾堡村堡南门内侧

彩版11-36　苏田堡村堡东门外侧

彩版11-37　苏田堡村堡东门内侧

彩版11-38　苏田堡村堡西墙马面外侧

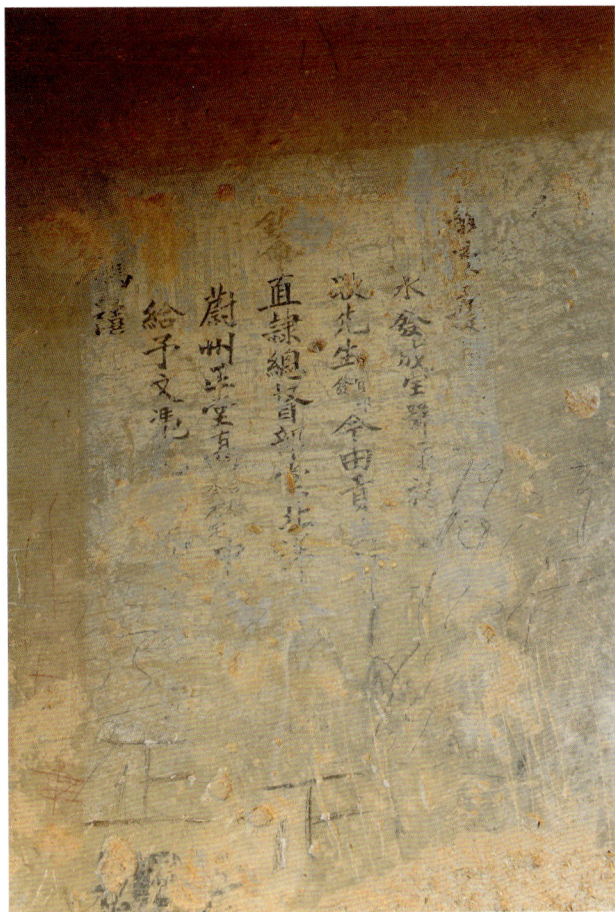

彩版11-39 苏邵堡村堡南门
内中心街尽头关帝庙东侧街道
老宅院墙壁上的《捷报》

彩版11-40 苏邵堡村堡北墙真武庙外侧

彩版11-41　苏邵堡村堡北墙真武庙外下的门洞

彩版11-42　东庄头村内龙神庙山门

彩版12-1　南留庄村堡东门外侧

彩版12-2　南留庄村堡西门内侧

彩版12-3　史家堡村堡南门及马神庙外侧

彩版12-4　史家堡村堡南门及佛爷殿外侧

彩版12-5 史家堡村堡南门内侧门券和装饰

彩版12-6 史家堡村堡南门内中心街十字路口西北角老宅院全景（东南—西北）

彩版12-7　史家堡村堡南门内中心街十字路口西街老宅院大门内木雕装饰

彩版12-8　史家堡村堡北墙中部真武庙

彩版12-9　张李堡村堡新堡西门外侧

彩版12-10　张李堡村堡新堡西门内侧

彩版12-11　涧垡村堡东门外侧

彩版12-12　涧垡村堡东门外侧门匾

彩版12-13　涧塄村堡东门外南侧马神庙全景

彩版12-14　涧塄村堡东北角台外的五道庙

彩版12-15　涧㙍村堡东门外北侧三官庙全景

彩版12-16　涧岔村堡北门外侧

彩版12-17 涧岔村堡北门内侧

彩版12-18 埚串堡村堡东门内侧

彩版12-19　塌串堡村堡西门外侧

彩版12-20　塌串堡村堡西门内侧

彩版12-21　埚串堡村堡北墙马面外侧

彩版12-22　埚串堡村堡东门外龙神庙全景（西南—东北）

彩版12-23　埚串堡村堡东门外观音殿

彩版12-24　埚串堡村堡十字中心街北街真武庙全景（西南—东北）

彩版12-25 埚串堡村堡十字中心街北街尽头真武庙

彩版12-26 埚郭堡村堡南门外侧

彩版12-27　埚郭堡村堡南门内侧

彩版12-28　埚郭堡村堡南门外大门和寺庙

彩版12-29　埚郭堡村堡东门外侧

彩版12-30　埚郭堡村堡东门内侧

彩版12-31 埚郭堡村堡北墙外侧

彩版12-32 埚郭堡村委会西侧佛寺（方圆寺）全景

彩版12-33　东人烟寨村（东寨）堡南门外龙神庙全景

彩版12-34　东人烟寨村（东寨）堡南门外寺庙后墙

彩版12-35　西人烟寨村（西寨）旧村堡北门外侧

彩版12-36　西人烟寨村（西寨）旧村堡北门内侧

彩版12-37　西人烟寨村（西寨）旧村北端玉皇阁东南望寺院

彩版12-38　田家庄村堡北门外侧全景

彩版12-39　田家庄村堡北门内侧全景

彩版12-40　田家庄村堡北门内中心街观音殿南面全景

彩版12-41　曹疃村西堡南门外侧全景

彩版12-42　曹疃村西堡南门内侧全景

彩版12-43　曹疃村西堡北墙真武庙

彩版12-44　松树村堡南门外侧

彩版12-45　松树村堡南门外侧门匾、门券及装饰

彩版12-46　松树村堡南门内侧

彩版12-47　松树村堡南门外侧观音殿

彩版12-48　水东堡村堡南门外侧

彩版12-49　水东堡村堡南门内侧

彩版12-50　水东堡村堡南门外侧观音庙

彩版12-51　水西堡村堡南门外侧

彩版12-52　水西堡村堡北门内侧

彩版12-53　水西堡村堡北门内西侧老房子大门

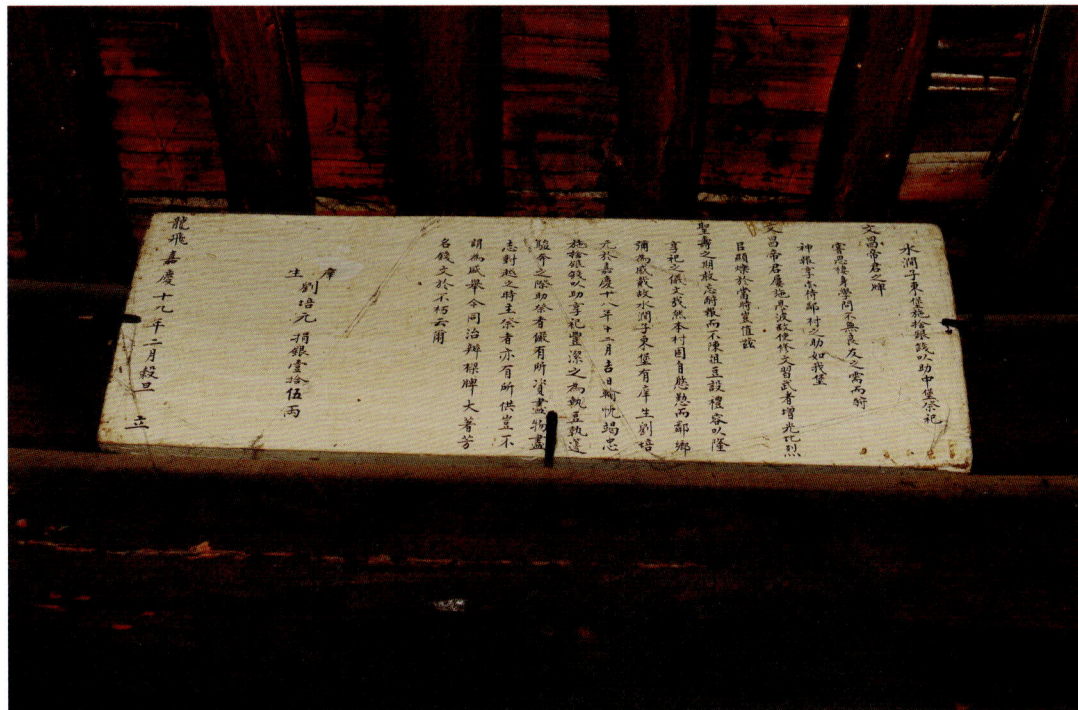

彩版12-54　水西堡村堡南门顶文昌阁内前檐下木匾

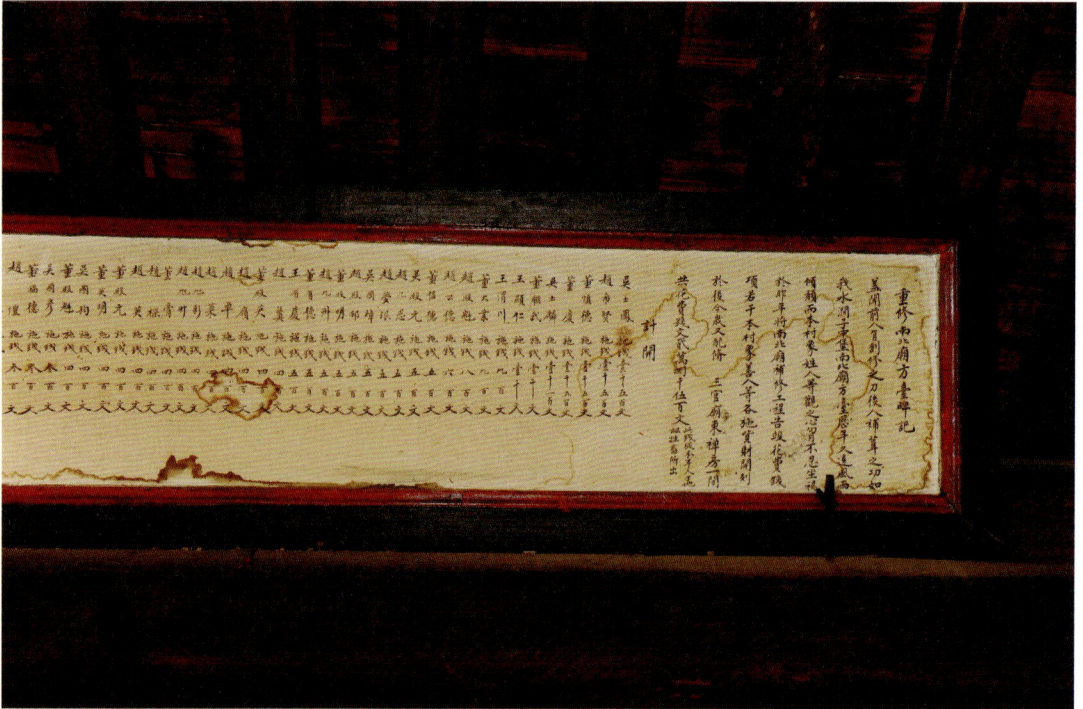

彩版12-55　水西堡村堡南门顶文昌阁明间内檐下木匾

彩版12-56　单堠村堡南门外侧全景

彩版12-57 单堠村堡东门内侧

彩版12-58 单堠村堡南门
内中心街尽头真武庙

彩版12-59　单堠村堡东门外关帝庙院望戏楼

彩版12-60　单堠村堡东门及关帝庙全景

彩版12-62　杜杨庄村堡南门外侧全景

彩版12-63　杜杨庄村堡南门内侧

彩版12-64　杜杨庄村堡南门外水坑南侧的影壁和水门

彩版12-65　白河东村堡南门外侧

彩版12-66　白河东村堡南门内侧

彩版12-67　白河东村堡北墙内侧王氏祠堂（已经修缮）

彩版12-68　白南场村堡北门外侧

彩版12-69　白南场村堡北门内侧

彩版12-70　白中堡村堡南
门外侧

彩版12-71　白中堡村堡南门内侧

彩版12-72　白中堡村南侧寺庙群

彩版12-73　白中堡村南侧寺庙群全景北侧

彩版12-74　白后堡村堡南门外侧

彩版12-75　白后堡村堡南门内侧

彩版12-76　白后堡村堡南门外侧砖雕装饰

彩版12-77　白后堡村堡东门内侧

彩版12-78　白南堡村堡南门外侧

彩版12-79　白南堡村堡南门内侧和村委会

彩版12-80　白南堡村堡南门顶部魁星楼

彩版12-81　白南堡村堡南门中心街关帝庙

彩版12-82　白宁堡村堡东门外侧

彩版12-83　白宁堡村堡东南角台和东墙外侧全景（已经修缮）

彩版12-84　白宁堡村堡东门、戏楼、魁星楼全景

彩版12-85　白宁堡村堡东门外戏楼正面

彩版12-86　白宁堡村堡观音殿全景

彩版12-87　大饮马泉村堡南门外侧

彩版12-88　小饮马泉村堡南门外侧

彩版12-89　小饮马泉村堡南门内侧

彩版12-91　小饮马泉村堡南门外戏楼南侧太公庙

彩版13-1　阳眷村南堡南门外侧（已经修缮）

彩版13-2　阳眷村南堡南门外侧门匾

彩版13-3　鹿骨村内戏楼西南侧

彩版13-4　瓦房村观音圣庙南门外戏楼全景

彩版13-5　丰富村北堡南门及南门外戏楼

彩版13-6　丰富村北堡南门外戏楼南侧

彩版13-7　丰富村南堡北门外侧

彩版13-8　丰富村南堡北门内侧

彩版13-10　东洗马沟村龙门寺碑亭（这些碑现已丢失）

彩版13-11　小湾村戏楼南侧

彩版14-1 白草村堡南门外侧

彩版14-2 白草村堡南门内侧全景

彩版14-3　白草村堡南门内中心街全景

彩版14-4　白草村堡南门内
北丁字街口戏楼墀头装饰

彩版14-5　白草村堡北墙上真武庙全景

彩版14-6　大酒务头村堡南门外侧

彩版14-7　大酒务头村堡南门内侧

彩版14-8　大酒务头村堡北墙三官庙全景

彩版14-9　大酒务头村村堡北墙中部内侧的真武庙第一进院落

彩版14-10　小酒务头村堡南门外侧全景

彩版14-11 小酒务头村堡南门内侧

彩版14-12 小酒务头村村堡北墙马面内侧的真武庙

彩版14-13　姚庄村堡南门外侧

彩版14-14　西户庄村堡南门外侧及新坍塌的护门墩包砖

彩版14-15　西户庄村堡南门内侧

彩版14-16　西户庄村堡北墙中马面外侧

彩版14-18　西户庄村堡北墙马面上真武庙大门上的砖仿木装饰

彩版14-19　西户庄村堡南墙东段内侧老宅院4大门梁架装饰

彩版14-20　西户庄村堡南门外观音殿、关帝庙（近景）

彩版14-21　西户庄村堡南门外观音殿、关帝庙（远景）

彩版14-22　钟楼村堡东门外侧

彩版14-23　钟楼村堡西门外侧全景

彩版14-24　钟楼村村堡西门外侧门匾

彩版14-25　钟楼村堡东门内中心街北侧关帝庙山门

彩版14-26　钟楼村堡东门内中心街南侧钟楼全景

彩版14-27　钟楼村堡西门及三官庙全景

彩版14-28　西小羊圈村堡东门外关帝庙全景

彩版14-29　五岔村村南门外侧

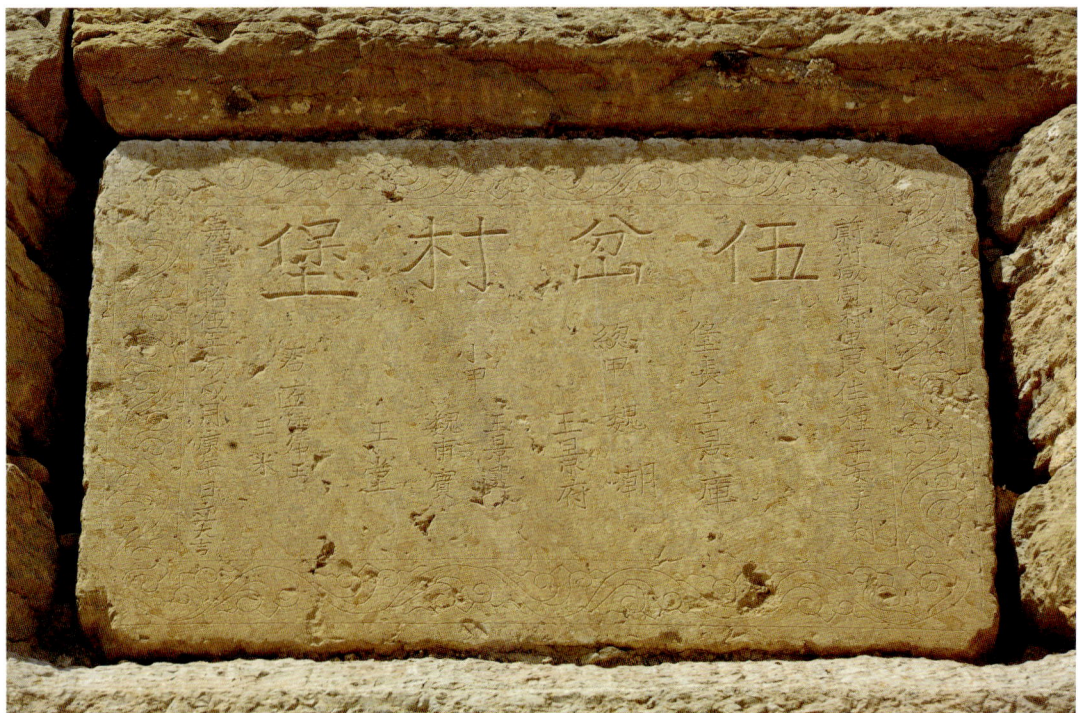

彩版14-30　五岔村堡南门外侧门匾

彩版14-31　五岔村南南天门全景

彩版14-32　泉子涧村旧村北部真武庙全景

彩版14-33　水峪村堡南门外侧

彩版14-34　水峪村堡南门外寺庙群及南门全景

彩版14-35　水峪村堡真武庙全景

彩版14-36　咸周村堡南门正面

彩版14-37 咸周村堡内北部真武庙全景（东南—西北）

彩版14-38 咸周村堡内北部真武庙山门门匾

彩版14-39　狼窝村旧村内关帝庙全景

彩版14-40　王家梁村北部旧村内老宅院2全景

彩版14-41　王家梁村内寺庙群（龙神、泰山、五道庙）内全景

彩版15-1　陈家洼村龙神庙全景

彩版15-2　北水头村堡北门外侧全景

彩版15-3　北水头村堡东北侧寺庙全景

彩版15-4　白马神村中堡东北角外龙神庙全景（南—北）

彩版15-5　任家堡村堡戏楼全景（东北—西南）

彩版15-6　王家嘴村戏楼外侧全景（东北—西南）

彩版15-7　曲家庄村小庙全景

彩版16-1　黄梅村堡泰山庙第一殿全景

彩版16-2　黄梅村堡西门外南侧戏楼

彩版16-3　黄梅村堡西门外南
侧戏楼内后台金柱墨书

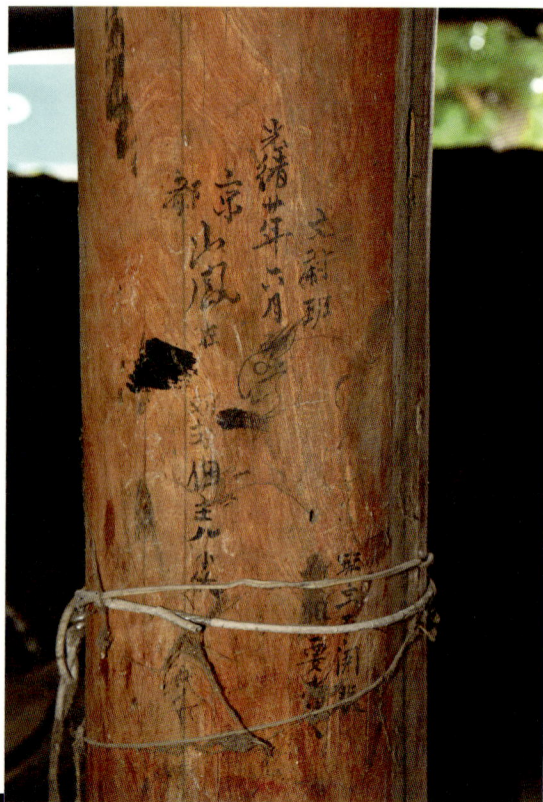

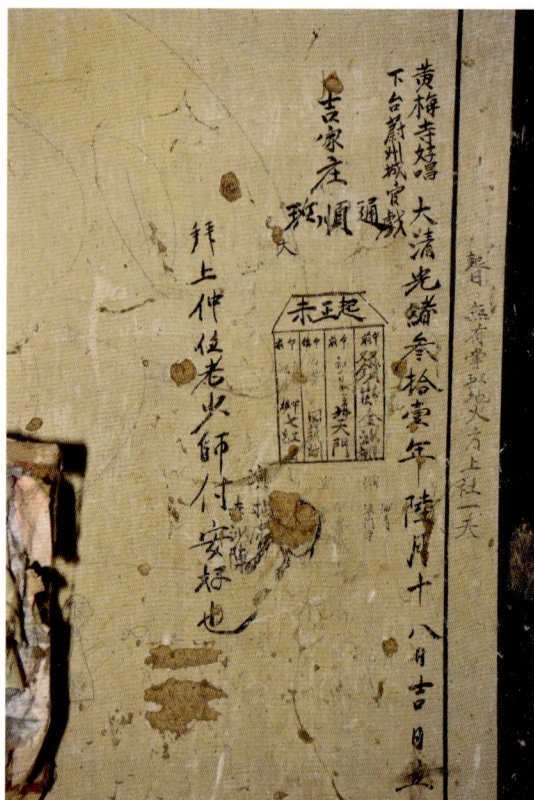

彩版16-4　黄梅村堡西门外南
侧戏楼内后台西墙题记

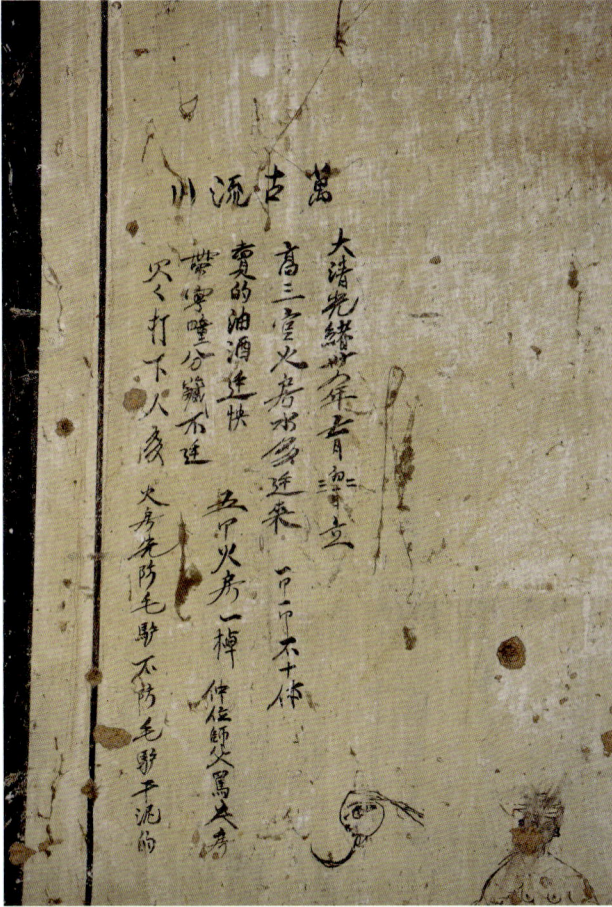

彩版16-6　定安县南门及南门外戏楼

彩版16-7　定安县南墙东段外白衣观音殿

彩版16-8　定安县村
堡南门西侧灯山楼

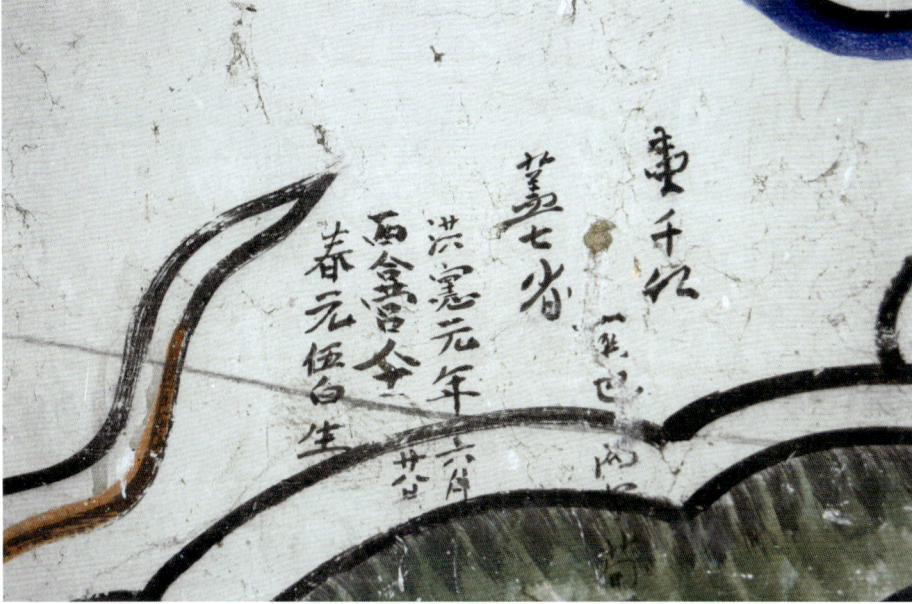

彩版16-9　定安县村堡南门外戏楼内题记

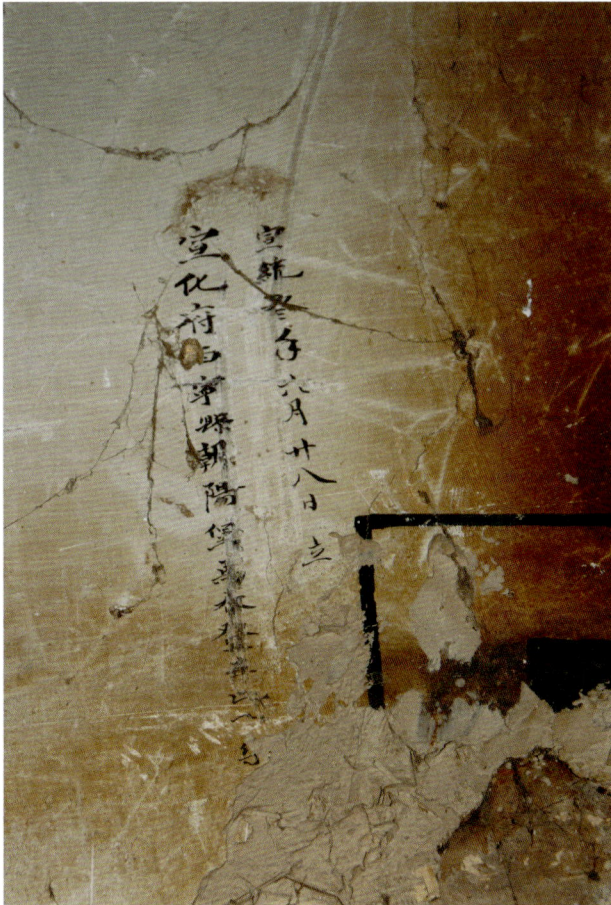

彩版16-10　定安县村
堡南门外戏楼内题记

彩版16-11　东吕家庄村堡南门外侧

彩版16-12　东吕家庄村堡南门内龙神庙

彩版16-13　木井村堡东北侧关帝庙

彩版16-14　木井村东
小堡西门外侧

彩版16-15 木井村新寨全景（西南—东北）

彩版16-16 木井村新寨全景

彩版16-17 木井村
新寨南门外侧

彩版16-18 榆涧村堡南门外侧

彩版16-19　榆涧村石峰寺全景

彩版16-20　黑圪村堡西门外侧

彩版16-21　赵家寨村堡北墙外戏楼东南侧

彩版16-22　下康庄村西堡南门内侧

彩版16-23　下康庄村东堡南门外侧

彩版16-24　下康庄村东堡南门外全景（西—东）

彩版17-1　吉家庄村堡西墙外老宅院3

彩版17-2　东上碾头村堡内戏楼

彩版17-3 西太平村南龙神庙大殿前的经幢

彩版17-4 西太平村泰清寺后殿大梁上的题记（成化）

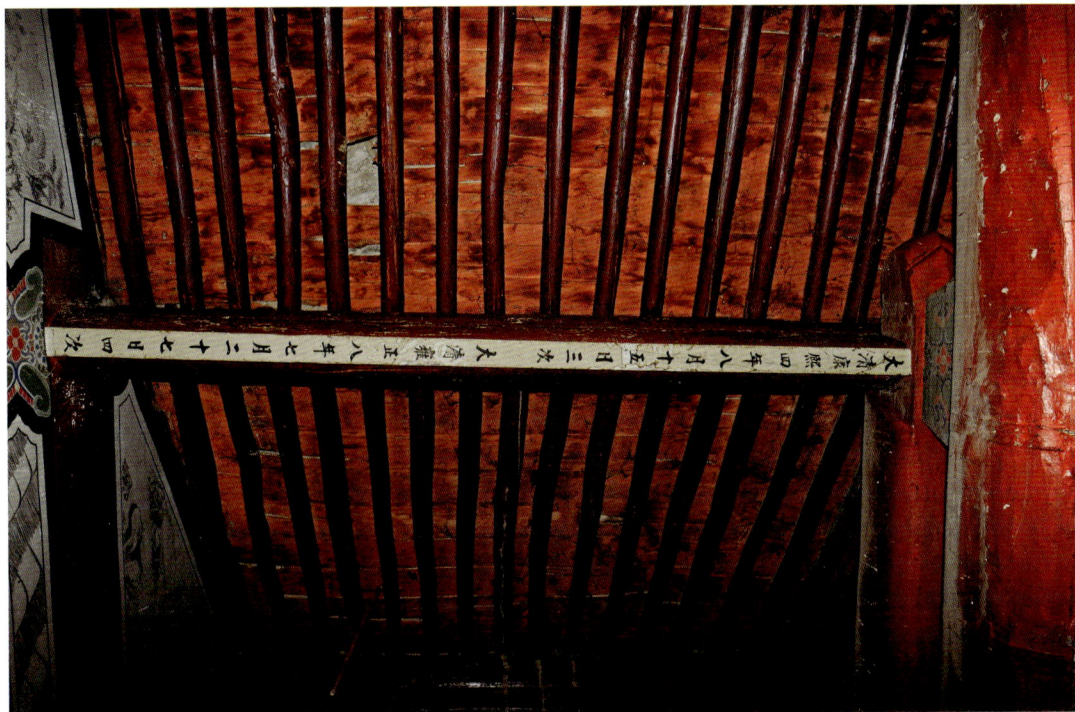

彩版17-5　西太平村泰清寺后殿大梁上的题记（康熙）

彩版17-6　宗家太平村堡东门外文昌阁

彩版17-7　红桥村堡南门外侧

彩版17-8　前上营村堡北墙内侧关帝庙正殿

彩版17-9　傅家庄村堡南门外南侧龙神庙全景

彩版17-10　大蔡庄村堡南门外侧

彩版17-11　大蔡庄村堡南门内侧

彩版17-12　大蔡庄村堡内老宅院

彩版17-13　大蔡庄村堡东墙外李氏祠堂全景

彩版17-14　大蔡庄村堡东墙外李氏祠堂正堂全景

彩版17-15　小辛柳村村堡堡门外侧

彩版17-16　小辛柳村村堡中心街北端北墙内侧戏楼

彩版17-17　祁家庄村观音庙及戏楼全景

彩版17-18　靳家庄泰山庙、观音殿全景

彩版17-19 大张庄村堡东门内侧

彩版17-20 西贤孝村堡南门外侧

彩版18-1　桃花堡西堡东门外侧

彩版18-2　桃花堡西堡东门内主街北侧马神庙

彩版18-3 桃花镇七百户村堡南门外侧

彩版18-4 岔涧村堡西门内侧

彩版18-5　太宁寺村堡南门外侧

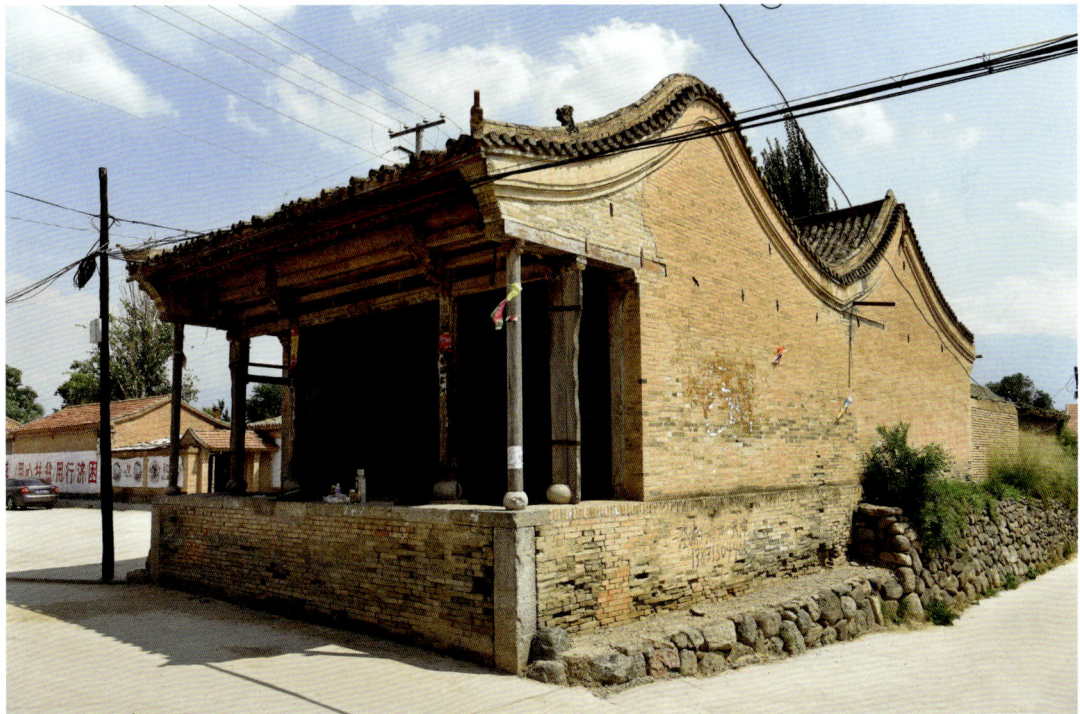

彩版18-6　太宁寺村堡南门外戏楼

彩版18-7　小羊圈村堡北门内侧

彩版18-8　小羊圈村堡北门外龙神庙、泰山庙

彩版18-9　马官营村堡东门外龙神、关帝庙、狐神庙

彩版18-10　扯业辛庄村北玉皇阁

彩版18-11 扯业辛庄村北龙神庙正殿

彩版18-12 扯业辛庄村北戏楼

彩版18-13　赤崖堡村堡南门外侧

彩版18-14　赤崖堡村堡东墙马面

彩版18-15　赤崖堡村堡西墙外侧

彩版19-1　西金河口村理兴寺正殿及西耳房全景

彩版19-2　黄土梁村南观音庙南侧五道庙全景

彩版19-3　安庄村内戏楼全景

彩版19-4　塔头村内老宅门上的装饰

彩版19-5　上寺村堡堡门外侧

彩版19-6　庄窠村戏楼、观音殿全景（东—西）

彩版20-1　白乐五村真武庙全景

彩版20-2　天照疃村南堡西门外侧

彩版20-4　天照疃村北堡南门外水井

彩版20-5　天照疃村北堡南门外寺庙群日落

彩版20-6　南柳枝水村堡南门内侧

彩版20-7　东樊庄村南北主街西侧村委会院中戏楼

彩版20-8　东樊庄村北部小
堡子南门内侧

彩版20-9　东樊庄村北部小堡子北墙外龙神庙戏楼和小五台山

彩版20-10　尹家皂村堡南门外侧

彩版20-11　统军庄村堡南门外侧

彩版20-12　统军庄村堡南门内侧

彩版20-13　东高庄村内庄子西南外侧寺庙群内老君殿全景

彩版20-14　东高庄村内庄子北墙外侧老宅门1内正房上的烟囱

彩版21-1　柏树下堡内巷子门

彩版21-2　柏树下堡内中部泰山庙

彩版21-3　西高庄村西堡东门外侧

彩版21-4　西高庄村西堡东门内北侧老宅院2和堡门

彩版21-5　西高庄村西堡东门外玉皇庙全景

彩版21-6　西高庄村西堡东门外戏楼对面的玉皇庙正殿

彩版21-7　王家庄村南堡北门外侧

彩版21-8　王家庄村南堡北门外真武庙

彩版21-9　王家庄村南堡北门外真武庙大殿木门内侧

彩版21-10　王家庄村南堡北门外侧真武庙正殿窗户内侧的漆字

彩版21-11　王家庄村堡北门内侧戏楼全景

彩版21-12　王家庄村南堡北门内侧戏楼内隔扇上的题记

彩版21-13　庄窠村堡东门外侧

彩版21-14　庄窠村堡东门内侧

彩版21-15　庄窠村堡东门外侧观音殿正殿内大梁上的题记

彩版21-16　庄窠村堡东门外侧观音殿正殿内大梁上的题记

彩版21-17　庄窠村堡东墙外穿心戏楼

彩版21-18　庄窠村东龙神庙正殿全景

彩版21-19　庄窠村东龙神庙正殿内大梁上的题记

彩版21-20　庄窠村东龙神庙正殿内大梁上的题记

彩版21-21　庄窠村东龙神庙正殿内大梁上的题记

彩版21-22　永宁寨村堡内十字街南街99号院山尖壁画

彩版21-23　永宁寨村堡内十字街南街99号院山尖壁画

彩版21-24　永宁寨村堡内十
字街南街西侧老宅院11、12
内前院正房墀头装饰

彩版21-25　永宁寨村西堡东门外侧

彩版22-1 草沟堡村堡南门外戏楼

彩版22-2 仁山村村西关帝庙

彩版22-3　乜门子村西三官庙正殿

彩版22-4　曹庄子村内东西主街南侧戏楼内隔扇上的匾额

彩版22-5　南水泉村东戏楼全景

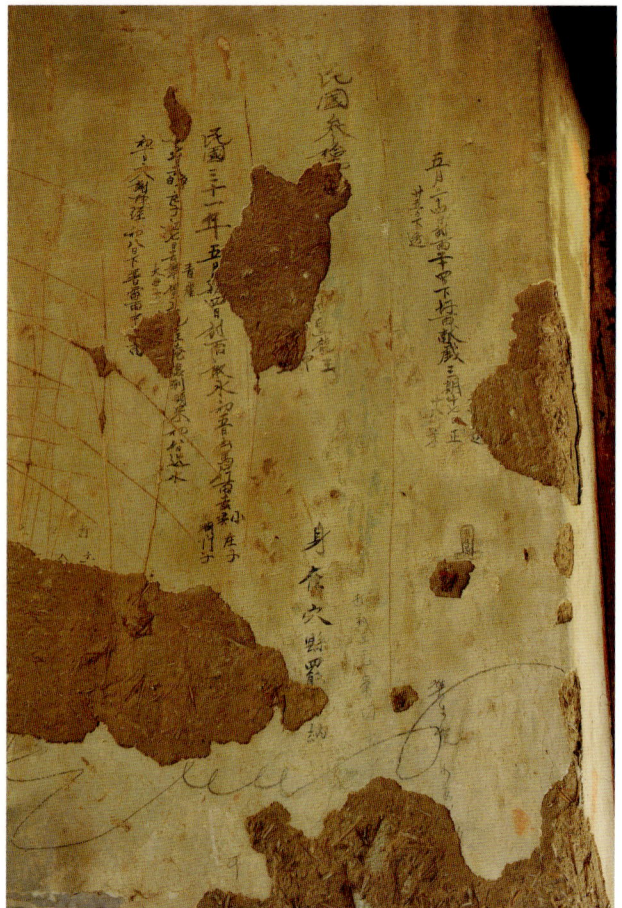

彩版22-6　南骆驼庵村西
四神庙山门内题记

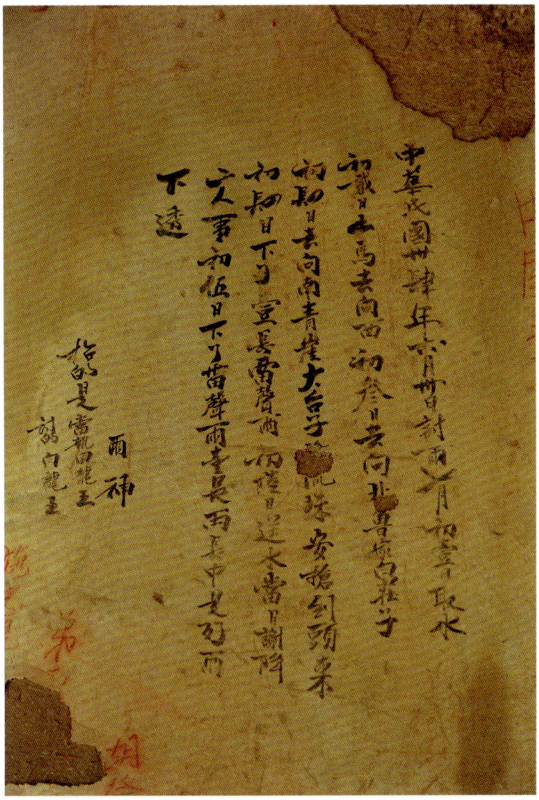

彩版22-7　南骆驼庵村西
四神庙山门内题记

彩版22-8　南骆驼庵村西四
神庙正殿内关帝庙壁画题记

彩版22-9　东庄子村北部山神庙

彩版22-10　阁上
村内五道庙全景

彩版23-1　北水泉村堡北、西墙外侧

彩版23-2　向阳站村堡东南角外龙神庙

彩版23-3　东窑子头村堡南门外侧

彩版23-4　杨庄村北堡南门外侧

彩版23-6　杨庄村北堡南门外戏楼北望寺庙

彩版23-7　杨庄村北堡南门瓮城内三教寺正殿

彩版23-8　杨庄村西北侧极乐寺全景

彩版23-10　南柏山村堡南门内侧

彩版23-11　南柏山村堡南门内三官庙

彩版23-12　南柏山村堡南墙外前寺山门

彩版23-13　北柏山村堡下堡南门外侧

彩版23-14　北柏山村堡西南角台外戏楼（西北—东南）

彩版23-15　南柏山村堡北墙外远眺崇庆寺

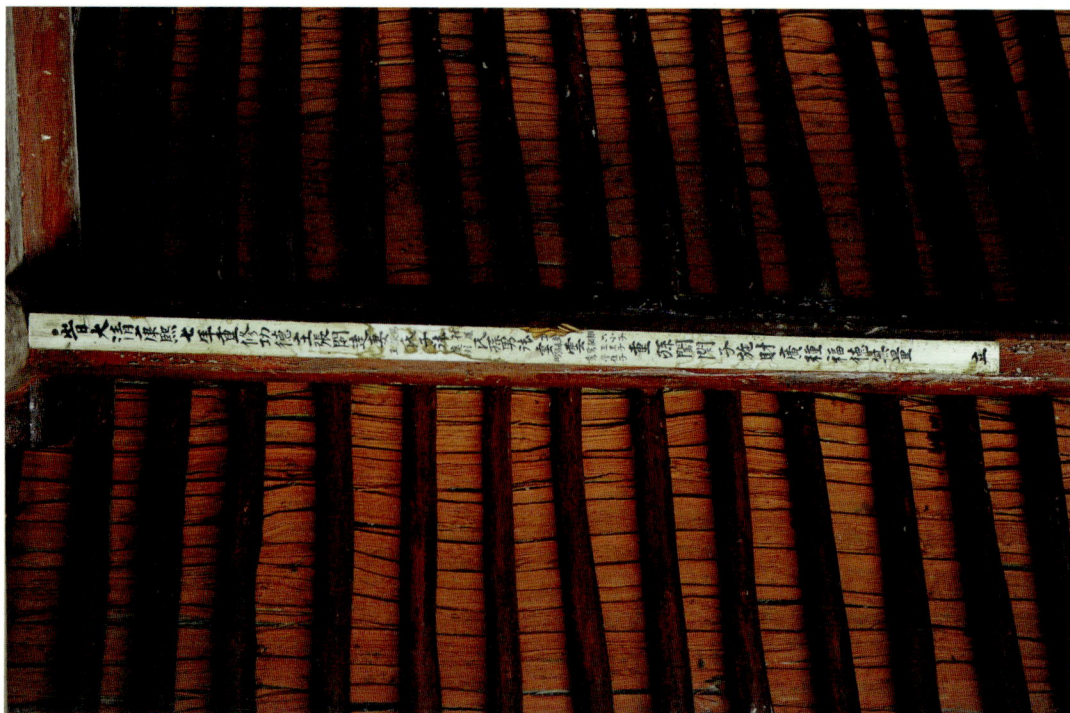

彩版23-16　北柏山村堡崇庆寺大殿大梁上的维修题记

彩版23-17　大石头梁村内戏楼和观音殿

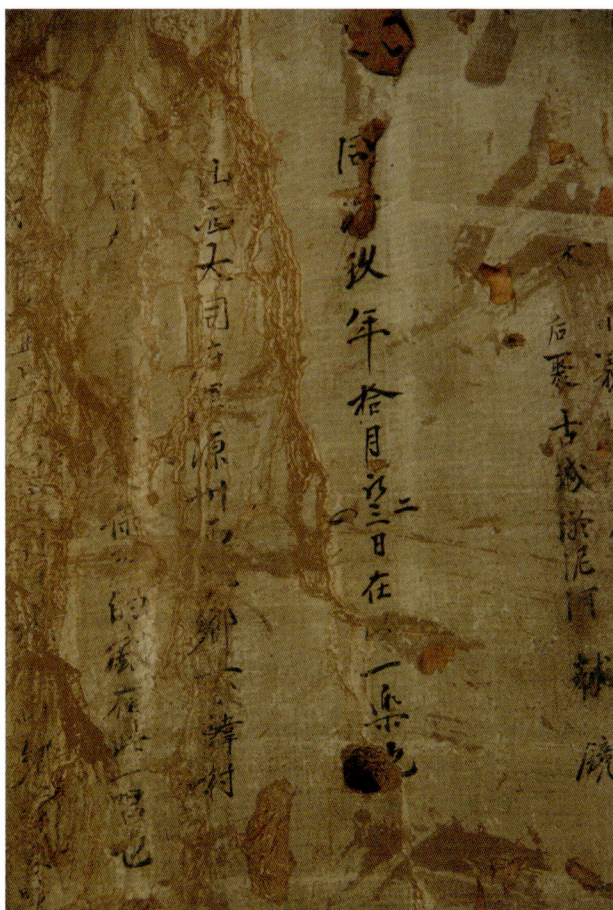

彩版23-18　南井头村堡南
门外戏楼内题记

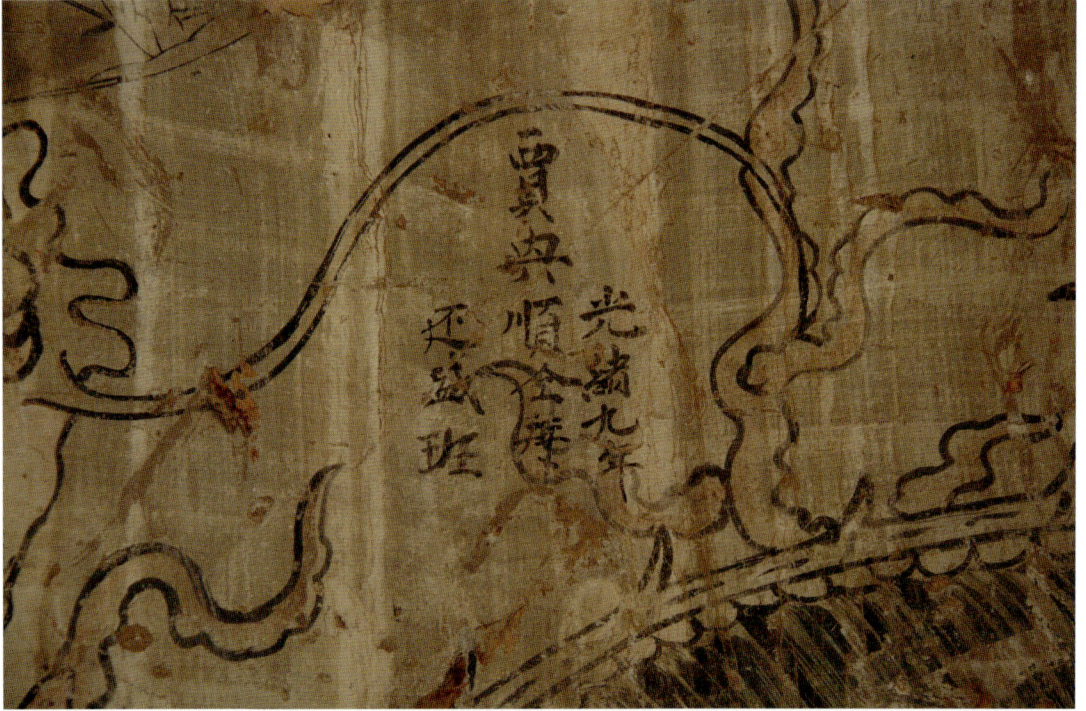

彩版23-19　南井头村堡南门外戏楼内题记

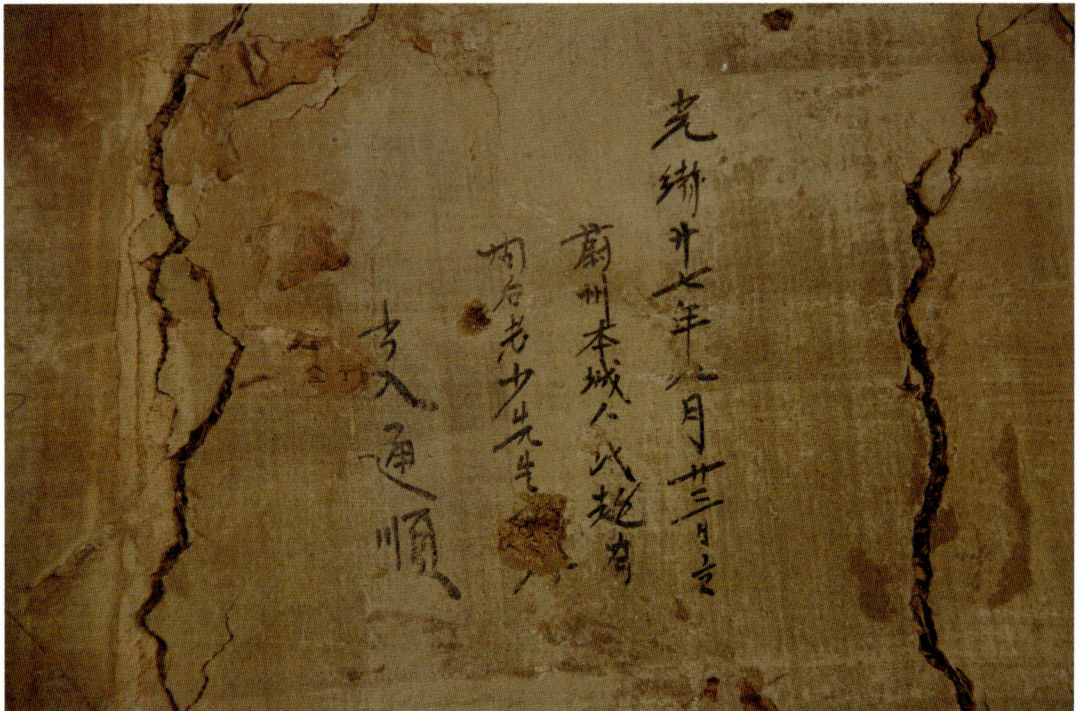

彩版23-20　南井头村堡南门外戏楼内题记

彩版23-21　上马圈村堡火路墩内全景（东南—西北）

彩版23-22　上马圈村堡火路墩东门内侧

彩版编·壁画

　　在挑选蔚县壁画时，我们优先选取那些尚未公开出版的壁画。而将《蔚州寺庙壁画》一书中收录的那些保护级别较高、重要庙宇中保存完好的壁画全部舍去，虽然这些壁画我们也认真细致地拍摄了，但毕竟不如专业人士搭架子、布光拍摄的效果好。

　　其次，也舍弃了景点、景区、网红打卡地内的寺庙壁画，如蔚州城内的玉皇阁壁画等，这些地方游客容易到达，壁画知名度较高，保护环境、条件也较好。这样一来，意味着有些乡镇就全部舍去了。

　　与上述两种情况相比，那些已大面积损毁，甚至消失，或者被盗走的壁画；那些深藏不露、不为人知、又保存较好的壁画，才是本书展示的重点，特别是尚存明确纪年的壁画，又是重点中的重点。在壁画照片的构图上，有些整体保存较好的壁画可以以全景的方式呈现，主要是为说明壁画内各个部分间的布局和关系，但遗憾的是，这类壁画少之又少，更多的情况的是其中的某一区域、某一幅，甚至某个细节部分壁画保存较好，选取这类壁画则主要是为说明该壁画的性质种类、局部内容等信息，两者结合，相得益彰。

彩版24-1　涌泉庄乡卜北堡村堡东门外戏楼内北墙壁画

彩版24-2 涌泉庄乡卜北堡村堡东门外戏楼内南墙壁画

彩版24-3　代王城镇大德庄东堡村堡北墙外三官庙正殿内东墙壁画

彩版24-4　宋家庄镇辛落塔村龙神庙内东墙壁画

彩版24-5　杨庄窠乡磁窑沟村东白衣寺（佛殿）后殿内东墙壁画

彩版24-6　杨庄窠乡高家洼村堡北门外侧真武庙正殿内东墙壁画

彩版24-7　杨庄窠乡高家洼村堡北门外侧真武庙正殿内西墙壁画

彩版24-8　南岭庄乡东蔡庄村内北部关帝庙正殿内西墙壁画

彩版24-9　西合营镇司家洼村堡观音殿东墙壁画

彩版24-10　西合营镇司家洼村堡观音殿西墙壁画

彩版24-11 下宫村乡苏官堡村堡北墙外中华严寺后殿东墙壁画

彩版24-12　下宫村乡苏官堡村堡北墙外中华严寺后殿西墙壁画

彩版24-14 黄梅乡定安县村堡南门外戏楼内东墙壁画

彩版24-15 黄梅乡定安县堡南门外戏楼内西墙壁画

彩版24-16　黄梅乡定安县村堡南门外戏楼内隔扇壁画

彩版24-17 黄梅乡定安县村堡南门外戏楼内隔扇壁画

彩版24-18　常宁乡范家堡村堡东南角外戏楼内壁画

彩版24-19　常宁乡范家堡村堡东南角外戏楼内东墙壁画

彩版24-20　常宁乡范家堡村堡东南角外戏楼内南墙壁画和题记

彩版24-21　柏树乡西高庄村东堡南门外三官庙、龙神庙正殿内东墙壁画

彩版24-22 柏树乡王家庄村南堡北门外真武庙正殿内东墙壁画

彩版24-23　柏树乡庄窠村东龙神庙正殿内东墙壁画

彩版24-24 柏树乡庄窠村东龙神庙正殿内西墙壁画

彩版24-25　北水泉镇向阳站村堡东南角外龙神庙西殿北墙壁画

彩版24-26 北水泉镇向阳站村堡东南角外龙神庙西殿西墙壁画